愛的療癒

存在——人本臨床催眠治療

劉家鈞——

著

國家圖書館出版品預行編目（CIP）資料

愛的療癒：存在-人本臨床催眠治療/劉家鈞作. --
初版. -- 臺北市：風和文創事業有限公司, 2024.06
　　面；　公分
ISBN 978-626-98640-1-0（平裝）

1.CST: 心理治療 2.CST: 催眠療法 3.CST: 人本主
義

175.8　　　　　　　　　　　　　　113006517

愛的療癒：
存在-人本臨床催眠治療

作者	劉家鈞
總經理暨總編輯	李亦榛
副總編輯	張艾湘
特助	鄭澤琪
封面設計	點點設計
內文設計	李筱琪
出版公司	風和文創事業有限公司
地址	台北市大安區光復南路692巷24號1樓
電話	02-27550888
傳真	02-27007373
E-MAIL	sh240@sweethometw.com
網址	www.sweethometw.com.tw
總經銷	聯合發行股份有限公司
地址	新北市新店區寶橋路235巷6弄6號2樓
電話	02-29178022
製版印刷	兆騰印刷設計有限公司
定價	新台幣450元
出版日期	2024年6月初版一刷

痛苦裡頭是愛，
在愛的找尋與發現當中，
使得痛苦得到療癒與轉化。

目 錄

意識的選擇性　接受與不接受

意識的自我保護

時間的主觀感

主觀選擇性

問題藏在潛意識裡

潛意識中的記憶

在意識與潛意識中練習專注的力量

喚醒原初經驗

意識編織形成意識認知

第二章　存在-人本催眠治療的實踐 生命的轉化

現象學式的心理探究

脫離意識

催眠中的時間概念

引導的語言

治療中的同步

正向催眠語言

第三章　常見問題與案例操作分析
　　　　看見獨特的自己

自序

　　這是一本自我瞭解的書，也是一本學習專業技能的書。內容結合了我20年教授催眠治療與存在-人本心理學課程的教材內容，加上多年來在心理治療工作中的體會與案例分享，希望能帶給對「存在-人本取向催眠」有興趣的民眾或專業人員參考。這本書內容包含了理論、實際操作的方法，並且加入我對問題的反思與解析，雖然不是每個讀者都會想成為治療師，但是我堅信人在遇到困頓的時候，自己其實是最好的治療師。

痛苦裡頭是愛

　　催眠治療是心理治療的一種方法，不同於其它心理治療的方法，催眠治療是一種潛意識的療法，深入到潛意識中針對問題做處理。一般人對潛意識療法的印象其實是有恐懼的，但是更精確地說，其實有許多人對於涉及到內心深處問題都是害怕的。主要的擔心在於害怕一旦觸及不願意面對的問題時，情緒會崩潰或是問題變得更加嚴重。這樣的擔心是可以理解的，因為當我們開始面對問題，情緒感受肯定如海浪向我們迎面而

來。不過，這樣的害怕預設了一件事情，就是問題裡頭就是痛苦，而痛苦總是讓人難以承受與面對。其實這樣的感受是因為還沒進入到治療的狀態，只能說是浮現出問題的初樣貌。真正的治療要處理的不是將痛苦看成不痛苦或是處理解決掉痛苦，事實上，我們需要知道最重要的一件事情是，**所有的痛苦之所以成為痛苦，是因為我們「在乎」；因為我們「愛」**。愛與痛苦經常是一體的，這是我們活存於世上總是面臨的事實，人沒有辦法只活在快樂之中，那不是真正的快樂。當我們面對在乎的人事物時，得失心、責任、歸屬與擁有的需求等等，都將使得我們更想緊緊把握與擁有，以至於失去也就很痛苦。愈是在乎的東西，愈是害怕失去，或是因為失去而悲傷失落。

迴避了痛苦，也就遠離了快樂

　　如果在乎可能會帶來痛苦，那麼我們如果還在乎不是就很矛盾嗎？不是應該不要在乎才不會帶來傷害與痛苦嗎？人該在乎什麼或該不該在乎，沒有人可以替你下定義或做決定，重要的是，人並不會因為什麼都不在乎而感到快樂，反而因為一切都無所謂了，使人生變得索然無味與缺乏動力。人不應該放棄追求或在乎需求，因為那將同時喪失了快樂與滿足的可能，如果我們迴避了痛苦，也就遠離了快樂。我們需要了解：痛苦裡

頭是愛，因為有愛，也會在愛的找尋與發現當中，使得痛苦得
到療癒與轉化。愛不只讓我們感到快樂，也會是人生逆境時刻
的良藥，因為有這樣的一份相信，自我成長與療癒得以不斷延
續，以及成為可能。

潛意識的力量

催眠是一個歷史悠久的方法[1]，它是少數可以直接帶個案進
入到潛意識的方法[2]，讓我們一窺潛意識的奧秘，同時尋求破除
禁錮在潛意識中的創傷經驗。在過去的歷史中，雖然催眠曾經
一度被揚棄使用[3]，但是由於催眠這個深入潛意識的方法，有著

1　早在18世紀中葉奧地利的弗朗茲・梅斯梅爾（Franz Anton Mesmer 1734-
　1815）就已經將其催眠的理論做延伸與系統化，隨後逐漸傳播到世界各地。
　事實上，若不考慮系統理論的建構，催眠術更是在數千年前就存在了。像是
　埃及及中國古老的祝由術及引導術或是某些民族的巫術，都或多或少地使用
　催眠的引導方式。

2　目前主流的心理治療方法，大多是在意識或認知層面的介入與處理，更多的
　是看重人的思維想法如何地影響自己，例如認知行為治療中對於負面或非理
　性的思考對抑鬱情緒的影響與處理。

3　精神分析學派的代表人物佛洛伊德雖然曾於19世紀90年代進行催眠的臨床運
　用，但隨後據說是因為他沒有善用催眠方法，所以見不到效果而放棄使用。

它獨特的效用與魅力，目前心理治療領域對催眠治療的學習與應用愈來愈多，甚至發展出不同的催眠取向與方法。

　　人在意識上的想法或領悟，這些理性思考是人類寶貴的精神智慧，不過無法忽視的是每個人深層內在潛藏著的精神力量——潛意識。像是潛意識具有的「自動化反應」對我們日常生活的影響就很大。人常常會有兩種聲音，理性的聲音知道自己應該要往好處想、應該要相信一個人的愛或是應該要原諒某人，但是有時我們的內心深處好像一直住著另一個自己，會控制不住自己反射性的情緒，有時仍然在痛苦的關係裡愛的死去活來。自動化反應就像是我們常聽說的那句話——「一朝被蛇咬，十年怕井繩」，當你受過傷後，你的潛意識為了保護你，它將在之後遇到類似的情境時，產生警覺防衛的反應來保護自己。所以，你可能明知道不需要害怕恐懼，但是卻控制不了自己。這樣的情形，包括了人類的各種情感反應，如恐懼、焦慮、悲傷失落、憤怒、怨恨，以及愛。

　　1999年臺灣發生了921大地震，震度達到7.6級，地震造成2400多人死亡、逾萬人受傷、近11萬戶房屋半倒或全倒。地震後不久，政府成立了災難心理衛生中心來協助災民的心理輔導工作，當時我也參與了其中一部分的心理復健工作，接觸了很

多有PTSD（創傷後壓力症候群）的個案。曾經有一個個案讓我對潛意識強大的影響留下很深刻的印象。有一次，我到山上原住民部落去探視輔導一個受PTSD困擾的個案，當時我與她在她家的客廳談話，突然在這時候她家裡的電話響起，她竟然毫不猶豫地直接往屋外跑出去。這就是她的困擾，明明只是電話聲響，就是會下意識地拔腿就逃跑，彷彿可怕的地震又來了，自從地震後，經常容易受到驚嚇，睡覺也感覺不安穩。這種創傷在本質上像是形成一種深化到內心深處的按鈕，一旦觸動到了，將會自動引爆。它不是我們可以完全靠大腦理性控制的反應，反倒像是我們的深層意識主導著我們做出自我保護的反應機制。

第二個影響我對潛意識投入更多時間去探究的經驗是，我曾在大學擔任心理師的工作，有次一個個案告訴我，他一直有一個很困擾他的事情，就是每當心情不好，想發洩情緒好好哭一場時，總是哭不出來，長久下來一直覺得胸口積壓難受的情緒，不知道如何才好。我聽完後問他，是否想起過去的什麼事情讓他難受的？他告訴我想不起來了。當時，我剛接受過催眠的訓練，我建議他可以試試催眠治療，或許能找到一些影響他情緒問題的原因。接著，我帶他做了一段約20分鐘回溯催眠，很快地，他遺忘的記憶湧現了出來，原來，在他小時候，他的奶奶準備要搬到別的地方去住，面對疼愛他的奶奶要離開，他

心裡很難過不捨，他告訴自己不能哭，必須做一個勇敢堅強的
小孩。就這樣，他壓抑了難過的情緒，並且形成他日後情緒反
應的模式，再也哭不出來。因為這樣的內心設定與影響，時間
久了後在意識上也遺忘了這段曾經的記憶關聯，直到在催眠狀
態下才被找回來。在這20分鐘的催眠過程裡，他哭了約10多分
鐘，結束催眠後，他說他感覺到無比地舒坦，多年來心裡頭積
累的情緒得到了宣洩，並且找到多年前問題的關聯。

　　這段治療經驗讓我深刻看見幾件事：第一，**意識與深處記
憶的斷裂，將加深意識上探尋問題原因的困難。**第二，**催眠治
療的回溯方法是如此地快速連結到潛意識深處的核心問題經驗
裡，讓這個陳舊的經驗有機會再次地浮現至意識層面，獲得了
一個重新看待與面對的機會。**基於這樣的發現，使得我更加好
奇，人究竟受到潛意識多大的影響？以及如何透過對潛意識工
作的方法來更快速有效地解決心理問題？在這之後，我開始擴
大使用催眠做為治療的介入方法，特別是當個案的問題是指向
潛藏在內心裡頭的不愉快經驗。透過這些在臨床上與個案潛意
識工作的經驗，就更加震撼及確定，人的潛意識是一種如此強
大的影響我們的力量，並且催眠確實能快速地處理那些過去的
重要經驗。

一般催眠治療的問題

隨著我的臨床催眠經驗增多了，對於傳統催眠的方法便出現了更多的質疑。首先，傳統的催眠方法重視對個案做指令的植入或是催眠暗示/建議，這確實是傳統催眠普遍使用的方法，但是這樣的作法，個案的改變主要是得自催眠治療師的暗示與建議，這其實是治療師「單向」地對個案所做出的影響。如果治療師的給予是一種解決，那麼主動引導的方向與給予的內容將會影響個案的改變方向。如此，治療師即擁有了絕對的影響力，帶著個案去到治療師想要他去的地方，朝向治療師所認為的「好的改變」。問題在於，如果個案的改變是受治療師主觀上認為的好的引導與建議而產生，那麼我們如何能保證從治療師自身給出的引導一定是正確的？

在實務工作中，我會簡單地了解一下個案希望藉由催眠獲得怎樣的幫助？通常得到的答案是：想看看能否藉著催眠（暗示）讓我變得如何如何…？又或是，能否催眠我忘記…？可以看出來，對很多人來說，催眠更像是一個「洗腦」的工具，將腦袋裡的記憶與感覺做「置換」。一般人對催眠有這樣的印象，其實不讓人意外，因為傳統催眠確實是如此，當一個傳統催眠治療師進行催眠時，採行的是「症狀」與「指令」的對應

處置。我曾經在加拿大與一位受過完整催眠治療訓練的朋友討論他們的學習與操作方式，當時我問到催眠如何處理憂鬱症或想自殺的問題？對方答覆的過程竟然是回憶他們上課用的「腳本」內容，也就是說，處置的依據來自一篇又一篇撰寫好的「催眠詞」，找到與憂鬱症對應的篇章，即可拿著這樣的催眠稿唸給（輸入）被催眠者聽，憂鬱問題如此，其他問題亦如是，所以「頭痛醫頭，腳痛醫腳」。當然，這並不意味著每個催眠師都有一樣的做法，但即便是讓被催眠者藉由「回溯」來「重新經驗」以前的事件後，介入處置問題的方法仍大多仰賴催眠師的催眠詞。

　　「時間/年齡回溯」是催眠常用的方法，主要是讓被催眠者回到過去某段記憶當中，藉此找回記憶或是再經驗。而一般催眠運用此技巧進行催眠治療時，主要是「喚醒」個案的記憶，然後讓個案重新經驗一次當時的經驗。但是記憶的重現與再經驗並非只是一種「回憶」，它更像是讓個案回到那個發生事件的當下深刻地再經驗一次，這個部份也是很多人對催眠感到害怕的原因，因為那些潛抑在潛意識裡的痛苦記憶，在回溯的過程中將可能再次地引發強烈的情緒。這些深埋著的痛苦，一旦浮現至意識層面又沒有得到好的解決，將容易產生個案的「二次傷害」。

　　我曾經見過許多催眠治療師在處理上有一個共同的做法，就是在記憶回溯的時候，引導個案在面對痛苦事件時將情緒「發洩」出來，然後再施以暗示或建議改變被催眠者的感覺。然而，情緒的湧現未必等於解決了問題，有時只是面對事件所伴隨的情緒表現出來而已，宣洩作為療效因子，它有幫助，但並不充分。如果以為讓個案把不想面對的問題引發出來、情緒宣洩出來就好了，將導致問題沒有真正獲得解決，甚至可能症狀加劇。

　　再者，催眠作為一種心理治療的方法，是普遍缺乏治療背後的哲學基礎。舉凡現今主要心理治療流派，像是精神分析、完形治療或是個人中心療法等，每個技術背後都有其理論的依據，這些理論概念是心理治療操作上的指導原則，是用來解釋心理問題產生的背景基礎，使得治療在技術與理論相呼應及整合的狀態下進行。然而，**一般催眠的實施憑藉的是各種引導改變意識狀態的誘導技術，以及催眠師給予受催眠者的各種語言暗示，這些技術的背後，缺乏理論性的知識作為支持，治療依據的精神/理念也不清楚**。因此，一般催眠治療更將像是一種心理試驗，治療師將口袋裡的各種技術法寶，拿出來在受試者身上操作測試，看看哪一種更有效？如此的治療是盲目的，使得治療更像是缺乏明確指引的操作，方向性與目的性都沒有了依歸。

　　有鑒於上述的問題，催眠治療的實作技術，應該有扎實的理論作為操作依據，並且在理論精神上是尊重與符合當事人意願與需求的。而人本主義與存在主義即具備了這樣的厚實知識基礎，無論是心理、教育、哲學或藝術等廣泛領域，都受到這些思想與知識深遠的影響。在心理治療的專業中，人本主義心理治療、存在主義心理治療等，早已在全球的心理臨床與學術工作中，積累了龐大的研究成果與信譽。因此，在存在-人本的觀念引導下，將可以使得催眠治療的探究得以不斷地被擴充與討論，以及在對於個案的問題概念上可以更加地深化，協助個案深入生命存在的境地裡，尋求生命的意義與問題轉化。

　　在過去的25年裡，我不斷地摸索、思考、研究、學習關於各種催眠的方法與書籍，並且在心理臨床實際的工作與教學中，反思所遭遇到的問題與經驗，逐漸地發展出真正符合人本精神的催眠療法，這條路還在走著，還在不斷學習中，我相信我的生命有多長，它就會伴我多久。

CHAPTER 1

存在 – 人本催眠治療的理論基礎

本章節主要是介紹關於人本主義心理學的基礎背景知識，這部分內容所涉及的相關知識範圍相當的廣泛，甚至可以說是無窮無盡。這些廣大的知識體系關乎到三個部分：人本主義心理學、存在治療以及存在主義相關的哲學。這些都是存在-人本催眠治療的基礎，所關聯到的知識廣泛，在這一章節中，將以簡單扼要的方式，介紹存在主義與人本主義的一些重要理論與精神，讀者可以根據自己的興趣與研究方向，不斷地更深入探究下去。

人本主義心理學要義——
回到人的自身

人本主義心理學在 20 世紀 50 年代興起於美國，是重視研究人的本性、動機、潛能、經驗以及價值的心理學取向。到了 60 年代與 70 年代，人本主義心理學迅速形成與發展，成為心理學的重要取向之一，並且被稱為心理學發展上的第三勢力。

重視現象學與意識經驗

現象學（Phenomenology）從字義上來說Phenomenon指的是「呈現自我者」logos是「言談」的意思，也就是「讓那個呈現者如其所呈現自己的方式一般地被看見」（to let that which shows itself be seen from itself in the very way in which it shows itself from itself）。它是人本主義心理學的哲學方法論之一，並且對人本主義心理學的發展產生重要的影響，主要的代表人物為現象學哲學家胡賽爾（Edmund Husserl）與海德格（Martin Heidegger）。現象學

通過對純粹意識內的存在的研究，揭露人事物的「本質」。所謂本質，是人或事物以其本來的樣貌被看見，是事物存在之間的一種共同性。這意思是對我們所經驗到的現象做直觀的描述，不帶著自己的預設去評論，而是將現象先「擱置」起來，使其漸漸顯現出其本質。現象學是一種研究主體的直接經驗與內省報告的方法，強調心理學研究應該從「回到事物本身去」為開端，把人的心理活動與內部體驗作為自然呈現的現象看待，重在現象或直接經驗的審視與描述，而不是因果分析或實證說明，是一種瞭解事物的方式。現象學在態度上不加入自己看法與經驗，而是單純地「還原」經驗，透過對觀察的現象「存而不論」，排除一切默認立場與價值判斷，以一種本質直觀的方式，進行直觀描述來找尋事物的本質。

對意向性的關注

其次，現象學的核心主題之一是意向性（intentionality）問題，意向是人「關於外部性的心理活動」，例如當我們看到一張紙的時候，會因為我們打算用它來做什麼而產生不同的注意，屬於有指向性的意識經驗活動。著名的人格理論學家奧波特（Gordon Allport）把意向界定為「個體試圖去做的」或是「個體努力的方向」，其他如羅洛・梅（RolloMay）與布根塔爾（James Bugental）也認為意向性是人類存在的一個基本成分，包含了我們的願望、需要與意志的參

與，並且在行動下完成實現。羅洛・梅在《愛與意志》中解釋了所謂意向性是指：做出選擇的能力，即隱含著做出該選擇時，所依據的某種潛在結構，給我們的經驗賦予意義並使我們做出關於未來的決策的結構。換句話說，**人就是在具有意向性之下，經驗到自己的存在感與自我認同感**。人因為有意向性，所以產生選擇，因為選擇所以影響我們的行動。羅洛・梅並且認為，人的意向性不只在意識層面，還包括了潛意識的層面，像是我們的夢與幻想，其說明了我們面對世界的方式，以及面對自己的方式。在心理治療上的意義是，幫助個案意識到在特定時間內其意向性是什麼，並鼓勵其負起相應的責任。

重視以人為本的精神

　　人本主義（humanism）開始出現於十四世紀歐洲文藝復興時期的義大利，後來傳播至西歐及世界各國。主張以人性作為衡量的準則，重視個人價值，維護個體的尊嚴與應有的權利，認為個人應該得到充分依循自己個性與獨特性下的自由發展。人本主義關注人的主體與主觀性（subjectivity），強調「以人為中心」，認為人存在著一個主體，這個主體在經驗世界的時候，在其內在形成了一個現象場，也就是主觀的內在世界。因而人本主義主要關心的議題是自由、價值、選擇、責任等。

人的整體性與完整性

　　人本主義心理學受到完形心理學[4]（Gestalt psychology）整體論的影響，特別重視人的整體性，主張心理現象中最基本的特徵是在意識經驗中所呈現的整體性，認為整體並不等於部分之和，意識經驗不等於感覺或情感等元素之總和，而人類的思維也不是觀念的簡單聯結。完形心理學的前提是，人類本質乃是一整體，並以整體（或完形）感知世界，而不同事物也唯有以其組成之整體（或完形）方能被人類瞭解。所謂的整體性指的是，整體大於部分之和（The whole is greater than sum of the parts），這也就是「整體——部分原理」（Whole-part principle），「整體」通常用以指生物學、心理學及社會學中不能僅以機械論或計算總和方式來分析的現象，意義上包括兩種解釋方式：（1）整體中含有部分所不具備的某些特質，因此要瞭解整體，除了需要瞭解部分，還要瞭解部分間的相互關係；（2）整體中的部分間都相互依存，其中一個部份發生改變時，其他部分也會受影響，因此使得「整體」結構多於「部分」的總和[5]。

4　完形心理學創始人Perls曾對完形下過一個解釋:完形乃是一種型態，是構成某事物的個別部分的一種特定組織。

從人的角度來看，人**不能被切割成部份來理解，而是應該將人視為一個完整的個體**，對於人類行為的解釋，必須自整個人或社會整體的角度來看，不能單憑個人片面反應或行為，作為普遍推論的根據。這意思就像我們聆聽一首美妙的音樂時，我們不會只是聽到單一的樂器及音符，而是連續的音符、速度、音調與強弱的整體，有一種對音樂的整體感受。有部電影具代表性地說明了這樣的概念，這部電影叫做「怦然心動」（Flipped），電影裡的父親是一個畫家，有天他對著女兒說：「一幅畫的整體，大過於畫中各個元素的總和。畫裡的一頭牛只是牛，草地只是一片長滿青草和花朵的土地。穿越林間的陽光，也不過是一道光線。但是當把它們組合在一起，卻美得不可思議。」奧波特認為，人具有其獨特的人格特質，像是內向、誠實或有同理心等，這些特質不能被孤立起來看待，而

---

5 教育大辭書：西方關於整體的思想，早在柏拉圖（Plato, 427~347 B.C.）、亞里斯多德（Aristotle, 384~322 B.C.）等人的哲學中就已佔有重要地位。如亞氏即認為「整體先於部分」，亞氏之意應為，整體最重要的並非組成整體的各部分，而是使其成為整體的秩序與統一性。此種重視整體性的傳統，在西方哲學史中始終未曾斷過。二十世紀初，歐洲思想界開始感覺到原子論（atomism）思考方式的缺失，因此除了哲學外，關於整體的概念在生物學、心理學、社會學等方面都有了重要性。如德瑞希（H. Driesch, 1867~1941）在生物學方面提出了「有機體都具有特殊的整體性因素」，即圓極（entelechy）的看法。埃倫費斯（Ch.von Ehrenfels, 1859~1932）則將整體應用於心理學上，反對將知覺僅視作感覺的集合，以為人類個別的體驗及整個心靈生活實際上無法以最簡單的基素（直接的感覺）來加以解釋，而必須訴諸於具有整體性的「基體」。

是人具有一種基本的核心，它能把表面上孤立的特質整合成一個統一的獨特整體。因此，人本心理學強調，人不該被做「部分」的切割，就像我們喜歡一個人的時候，喜歡的不會只是對方的眼睛或笑容而已，而是對方帶給你的整體感受，部分會影響整體，反過來整體也會影響部分。

相信人具有選擇的自由

　　人本主義認為，人活在世界上必然會碰上各種的限制存在，最終極的限制是生命是有限的。當人能深刻體認到這樣的限制性，就能夠選擇一個面對的態度，試圖排除或超越這些限制。選擇就是一種決定，人應該對自己的決定負責。法國著名的存在主義哲學家沙特（Jean-Paul Sartre）曾說：「人類擁有自由的一個主要方面在於，他們有能力在思想上說「不」。」每個人都是在某種限制中創造自由，人並非生而自由，每個人來到世界上有些事不是我們能夠決定的，例如成長過程的地區或生活條件，這屬於「時空」方面的限制；另外一個是「遺傳與環境」上的限制，例如有的人生下來就天生帶著身心上殘缺的問題。我曾經見過一個年紀僅3歲的小孩子，如此年幼的生命卻被診斷患有思覺失調，先天的因素不是他自己能決定的，他的家人及他自己都得學著接受及面對這殘酷的事實。雖然我們都無法自己決定這些因素的影響，但不代表後天我們就要以怨

天尤人或暗無天日的方式活著；相反的，人本主義的精神提醒著我們，**每個人應該去面對人生的種種限制性，利用其存有的遺傳與環境去塑造一個獨特的自我**，以更加積極的態度活著，一個人的自我發展想真正地獲得內心的自由，就必須仰賴個體化的歷程，也就是能夠找到區分自己與他人之間的那個「獨特性」，**運用自由來發現與肯定其真實的自我**。

自由在意義上有兩種解釋：（1）Freedom（自由），代表著一個人能夠順著自己的意願、自由的去做某事；（2）是Liberation（解脫），意味著人能夠從苦難中解脫出來，不再受到束縛。無論是哪一種解釋，都在告訴我們，在有限的條件限制下，人都會想尋求一種最大程度能夠「做自己」的可能。不過，當自由意志遭受壓迫與威脅時，伴隨自由所帶來的「責任」也就會降低。例如，如果你是銀行行員，因為受到歹徒對你的生命威脅，而將銀行的金錢交給歹徒，這樣的情況發生時，便如哲學家多瑪斯（Thomas Aquinas）所言的：「如果人沒有自由，那麼也就沒有道德上惡的問題。」亞里斯多德（Aristotle）認為，道德行為的先決條件之一是「自由」，只有出於「自由意志」的行為，才會使人產生責任感，一個人的行為若是出於無知或是受到外在壓力被迫去做的話，他是不用負責任的。在司法心理學的範疇中，一個患有嚴重精神疾病的人，在發病的狀態下犯了罪，司法上除了對犯人進行心理衡鑑之外，也會視情況減輕其罪刑。

由於自由總是會面對各種限制，因此羅洛•梅認為因為這樣的限制，人必然會產生焦慮。**人面對自由選擇的「可能性」愈多，焦慮也會增加，這是從「可能性」走向「現實性」的正常焦慮。**此外，人在實現潛能與面對可能性的時候會做出各種選擇，也因為總是在選擇某一個機會時，同時放棄另一個可能性，而造成內心的不安與愧疚感。齊克果（Kierkegaard）認為，人不可以逃避這些焦慮與愧疚，因為逃避會使得個人對自己的愧疚感更加重。我們應當相信正是因為有可能性，所以使得人面對未來有改變及成長的可能；每個人都需要憑藉著勇氣去面對各種可能的選擇，並擔負起應該承擔的責任，**同時利用他的遺傳與環境去塑造其獨特的自我；憑藉著自由去發現自己區別於他人的獨特性以及肯定其真實的自我。**

人本主義的人性論──性本善

人本主義心理學繼承了人道主義的精神，重視個人的價值，維護個人的尊嚴與權利，強調個人能得到自由的發展，實現個人幸福。認為人有追求自我實現與真善美的需求，所以具有人格上的建設性與主動性。人本主義相信人性中的善性，認為性惡是人所處的環境所造成，所以可以透過教育使得人格得以健全發展。人本主義心理學做為心理學的第三大勢力，在看待人的行為及問題上與第一大勢力的行為主義心理學，及第二大勢力的精神分析有以下不同：

● 反對行為主義「以動物為本」的方式來對人的行為做推論，因為行為主義於實驗室裡的研究忽略了人所處的環境脈絡，人本主義認為人類與動物在本質上具有明顯的差別，不應該做簡單的推論。同時，人本主義反對精神分析使用「以病人為本」的研究，來廣泛解釋一般人的心理活動。人本主義強調「以人為本」的視角，更多關注人是完整性、主動性、獨特性及創造性的主體。

● 反對還原論。人本主義批評行為主義將心理學還原為生理學及物理學，並過於強調人類行為乃透過刺激──反應連結形成。此外，亦反對精神分析將人看成是非理性動物的存在、主張先天本能（生的本能與死的本能）是人的一切心理及行為的內驅力。人本主義反對這樣的物理學定律及心理活動規律，而是相信人的自主性、完整性及可能性。

●人本主義雖然肯定潛意識的存在，但反對古典精神分析的潛意識決定論，也就是把人的所有行為都看作是潛意識動機所決定的。此外，人本主義認為精神分析把人的潛意識看成黑暗的、非理性的「性惡論」，且過於強調「本我」的衝動性所帶來的負面影響。人本主義則是相信，潛意識也可以是美好的、漂亮的，潛意識也可能展現了人類深層的靈感、藝術與愛。

存在的意義

自我實現

　　人之所以為人，有別於一般的動物，正是因為人具有高等複雜的思惟意識，人能藉著自我意識朝向自我成長與自我實現。在馬斯洛（Abraham Harold Maslow）的人類基本需求理論（Maslow's hierarchy of needs）裡提到，人除了基本生理、安全、愛等等的需求，還有一種高層次的需求，即「自我的實現」。因為人天生具有實現自己的趨向，所以人不斷地追求讓自己走向盡善盡美的境界，這是人活在世界上與自己存在重要的關係。存在強調在某一特殊時間、地點所獲得對世界的某種獨特的個人體驗及解釋，人總是這樣或那樣地與世界緊緊地關聯著。羅洛‧梅認為，存在是一個人存有的經驗，是一種自我存在感，存在感愈強烈、清晰，其意志及所作的決定就愈有創造性和責任感。**當一個人認識到自己的「存在價值」可以「自由」地決定自己的命運時，其存在自我體驗就愈強烈，心理就愈健康。**

人存在的三種關係

　　人的自我實現需求，使得人存在於世總是不斷地力求自我需求的滿足，並且追求更高層次需求實現的滿足。而自我實現的過程，是脫離不了人存在於世之中的不同限制與關係。

● 人與世界

　　羅洛・梅認為，人存在於世有三種關係：人與世界、人與人、人與自己。首先，人寓居於世就與世界脫離不了關係，世界代表著一切萬物，指的是組成生物與物理環境的內部與外部世界。除了外部的自然環境外，還包括生理的內在環境，像是生理需求、本能、驅力等。這個世界指涉的是人在世存有的客觀存在者，它們並不依據人的意志而存在，我們是被迫進入到這個世界裡來，只能夠接受與適應世界的運作規律，人活在世界上，也因為受其所處的環境影響，環境的限制與供給使得人形塑其獨特性。人來到世界上，有些事是被決定好的，內在的遺傳因素，外在的種族與國籍等都是。雖然人無法完全地改變既存的命運，但是可以改變面對遭遇處境的態度。面對生命與世界的關係，我們必須意識到世界與人是息息相關的，人需要對內部與外部的環境做出謙卑的態度，現今因為環境污

染所造成的氣候變遷，生態物種的生存面臨巨大威脅，人對環境應當從「使用者」的心態走向「建樹者」的態度，我們維持與世界良好關係的意識，不只展現在我們個人立即感受到的事情，還需要包括那些預見的到的未來可能性。

● 人與他人

　　人在社會環境中亦無可避免的需要與他人建立互動關係，人本主義認為人需要學習與他人建立良好的關係、對社會做出「參與」、對他人給予真誠關懷。和諧社會的基礎需要每個人對社會付出人文的關懷，自私自利無法真正地獲得安穩的生活，畢竟我們生活的環境難以避免地與他人產生互動及影響，付出關懷是社會良好的正向迴圈，目的是讓我們都生活在更好的關係及環境之中。弗洛姆（Erich Fromm）認為愛的本質是，如果我真的愛一個人，我就會愛所有人、愛世界、愛生命。相反地，如果一個人只愛某個人，而對其他人無動於衷，那麼他的愛就不是愛，而是一種共生的依戀，一種放大的自我中心。社會中有許多需要我們關心及協助的人群，除了過好自己的生活之外，也不能遺忘生活在底層的弱勢族群及身心障礙者。

● 人與自己

　　人本主義特別重視自己與自己的關係，代表人物之一的卡爾‧羅杰斯（Carl Rogers）認為一個人的「自我概念」影響著我們對自己的看法，例如負向的自我評價將嚴重影響人的心理健康。自我可以分為兩部分：一個是「主體自我」，是指人行為及心理經驗的主體；第二個自我是「客體自我」，是指人對自己本身的看法及想法、態度及知覺等，這部分即是自我概念。自我概念是個人對「我」的知覺與評價，是一種有組織、有聯繫及連貫的知覺模式。個人對自己獨特的知覺來自三個部分：（1）現實自我：指的是自己所認知到的真實的自己，即「我是一個怎樣的人？」；（2）理想自我：指個人對自我的期待與嚮往的自我形象，即「我希望我是一個怎樣的人？」；（3）社會自我：指個人從他人身上所認知到的評價與看法，也就是「別人眼中的我是怎樣的人？」自我概念影響著人的自我價值感以及自信心，負面的自我概念不但會影響情緒，也可能嚴重到產生精神問題。

存在焦慮──存在總是面對著焦慮

　　羅洛‧梅認為，人的存在一旦受到危脅，便會產生焦慮。焦慮分為「正常的焦慮」與「神經質性的焦慮」，正常的焦慮是人面對

威脅情境時，表現的焦慮反應在比例上是符合威脅程度的；而神經質性焦慮的人，其焦慮程度是誇大與不合理的，例如一個人只是因為一個小考試就不敢去學校了。面對焦慮時考驗的是人面對的「勇氣」，人類所需要面對的最大的焦慮是「虛無的恐懼」，這是一種「非存在」的焦慮，所謂非存在有兩個層面的意義：一個指的是人面對死亡的恐懼；另外一個則是活著卻像死了一樣了無生氣的狀態。

　　存在主義治療代表人物之一的Frankl則從自身在集中營的生死體悟經驗，給出了人活著的勇氣與態度。他說：「人能夠在所承受的苦難中超越自我，人有能力在各種境遇中選擇一種最為有利於生存的方式。」還說：「人可以被剝奪一切，然而，無法被剝奪在特定環境中選擇自己的態度。人雖然必然受環境影響，但有採取立場的自由，對環境做出態度，而不是被動地反應環境的要求。」

存在 - 人本催眠治療的理論 尊重個人主觀的世界

主觀建構的內在世界

　　存在-人本催眠治療基於人本主義的理論與精神，強調對個案個人價值的相信與尊重，並且重視其個人的現象世界的存有，也就是個人主觀的內在世界，這指的是世界形於外，與自己身體分開，但其實世界對人而言並無法客觀存在，所有我們經驗到的世界，存在於我們內心。世界的樣子與對於世界的感受，對每個人來說都是獨特的，也就是每個人都以他自己的方式在經驗著這個世界。

　　人類在生活環境周遭所接觸到的任何現實，均需通過人類的感官知覺，在大腦中進行訊息操作與意義理解的歷程，而產生特定的詮釋或判斷。因此，人類所感知的「真實」（facts）並無法脫離人

類以現有認知基模（cognitive schemata）對所處情境背景（context）的「詮釋」（interpretation）。換言之，任何「現實」都可能是基於個人認知基模之「個人建構」（personal constructed）或基於社會文化互動之「社會建構」（social constructed）的產物。對於建構論研究者而言，所有的知識都是「暫時性的」，取決於此時此地的情境背景；在每一次與情境背景相接觸時，現實即發生變化。所以，現實是否真實存在已非建構論研究者所關注的問題，取而代之的是「現實如何被建構與理解？」以及「現實如何在每一次的接觸中被重新建構？」。

　　因此，存在-人本催眠治療在理念上，與後現代的世界觀所強調的觀念是一致的：現實是社會建構出來的、現實是語言構成的、現實是藉由敘事組成並得以維持的，以及並沒有絕對的真理。敘說即是在這樣的世界觀下將焦點放在語言是如何組成我們的世界，認為社會是在語言中建構它們的現實觀。語言是一種互動的過程，並不是被動地接受既存的真理。因此，一段敘說是否為事實並非我們所關心的，重要的是敘說歷程中的改變。人們是具有主動性的敘說者，決定哪些經驗要放入或排除於敘說歷程之中，以及事件如何組織以產生有意義的情節等。而個人即是在其敘說之中「建構」了過去事件和行動，以宣稱其身份認定，並建構其生活。由此可知，敘說本身即是一種社會建構，包含著說者和聽者及其所處社會文化

脈絡的關係，敘說者所完成的故事敘說，同時是被文化所塑造出來的，所以敘說提供我們一個開放個人與文化認同瞭解的鑰匙。

從後現代建構論來看，我們都活在自己建構出來的世界裡，我們以為我們的人生與世界的情境遭逢，因而產生被動受到影響的結果，但其實遭逢的形式是種命運，並無法決定人的感受。例如澳洲知名的演講家力克・胡哲生下來就沒有雙手雙腳，但是他以其對生命的熱愛活出自己，甚至比四肢健全的人更加樂觀與積極面對問題，因此，我們不能說他的人生是悲慘的，真正悲慘的人生是你可以做到一切，但是卻什麼都不做。

催眠狀態下的真實

許多人對催眠有所誤解，認為催眠像是一種神奇的法術或巫術，把人給控制住了。其實，催眠是一種意識狀態的改變，並不是只有在實施催眠時才會發生。美國心理學家克里普納曾提出人具有20種不同的意識狀態，其中最常見的有：做夢狀態、睡眠狀態、警覺狀態、催眠狀態等。著名的心理學家馬斯洛也曾提到，人有時候會瞬間經驗到一種豁達、完美、極樂的體驗，稱做「高峰經驗」。也就是說，即便不實施催眠，人的意識狀態也可能處於自我催眠或是其它的意識狀態。

　　很多接受催眠的人會有個疑問：我所看見的是不是真的？還是我所想像出來的？想像一詞來自拉丁文Imaginare，意思是在腦海中形成或是表現出一個影像（to form an image or to represent）。想像力是人類一項神奇的天賦，它讓人可以在腦海當中自由自在地幻想任何事情。想像與現實是一種難以分辨的關係，當想像出現在我們腦海畫面時，我們會認知到它並非真實。例如：你想像有歹徒闖入你的屋子裡，這時候你知道這不是真的，因為這個畫面出現的這一刻，僅存在你的腦海中，而不是真的遭到歹徒闖入。然而，雖然想像不是真的發生，但是一旦想像趨近兩個條件時，想像即成為內在的現實。這兩個條件分別是「逼真的想像」以及「相信你所想像的為真」。逼真的想像是，當你全神貫注在你所想像的畫面中時，畫面將會變的清晰、顏色變得豐富而多彩，在高度意識專注下，你的五種想像感官（視覺、聽覺、觸覺、嗅覺、味覺）將被充分打開，進入一種彷彿（as if）身歷其境的狀態，在這一刻，你甚至無法區分是你想像的還是真實的，因為你的注意力全都在感受這些你所見到的。全於，相信你所想像的為真，意思是你相信你腦海中所看到的無論在過去、現在或是未來，你知道且相信它曾經發生過、或是將會發生以及在某些條件下可能發生。因此我們可以發現，人所相信的未必是其知覺所見的，相反地，**人更傾向相信他們所相信的，或是說其腦海中的看見**，例如當一個人不相信身邊的伴侶是愛著自己的，即便見到伴侶做了很多的努力也不一定會相信，因為在他們的

內在裡存在的真實，並非來自客觀存在的事物，而是經過自己不斷反覆自我確認的結果。

在一般印象裡，真實通常指的是人所能感知到的具體存在物，例如我們看到一張椅子在我們面前，那麼我們會說確實有一張椅子的存在（存在者），而對於看不到、感知不到的，往往不容易相信它的存在。像是靈魂是否存在就很難被驗證，因為靈魂讓人觸摸不到、看不見也感覺不到，只能推論可能存在或姑且信之，這樣的主觀內在真實，是存在於每個人心裡的一種具有獨特性的樣貌。一張椅子只是一張椅子，在人的視覺上或觸覺上所感知到的有其共通性。但是，椅子對每個人的意義不一定一樣，有的人會覺得它只是用來坐的，但它也可能是用來懷念某個重要的人的遺物，帶來情感上的哀傷或思念等強烈感受。所以椅子做為一種存在，對於每個人來說都有著不一樣的內在事實。具體的物體或許給人的感覺比較具有共性，但如果我們從人的情感層面來看，內在主觀性的意涵就更明顯了。譬如，一個人對你表達了情感，語言透過聲音或文字的刺激進到人的大腦裡，有的人可能會很感動，有的人可能很懷疑，有的人甚至覺得這是不可以相信的陰謀或欺騙，也就是「**事件不等於真實，真實是人的自我意識如何去解讀與感知，形成了獨特的真實。**」

● 真與假

催眠看似是一種想像或只是腦海中的意象，如同大腦創造出來的一種虛假的存在，但是這樣的「假」其實是內在裡的一種「真」。曾經有一個青少年個案，他告訴我他在學校打躲避球時一個讓他很挫折的經驗：當時他站在外圈拿到球，而眼前正好有一個同學站在內圈並且離他很近，本來對自己體育表現感到自卑的他，當下突然有了信心。但沒想到，當他把球扔出去，竟然整個偏離了方向，丟向遠處的一個足球架，球打到球架反彈下來還正好砸中了老師的頭。當時同學及老師都捧腹大笑，而他則感到無比的丟臉，就躲到場外不想再玩球了。當時我聽完，決定給他做一段清醒催眠的引導，引導中我帶他在腦海中重現運動場上的場景，讓他在腦海中想像再次地丟這顆球，而且一樣是丟向足球架，打中老師…。就這樣重複了兩次，第二次做完時個案突然覺得一切很好笑而大笑了起來。我刻意沒多問，直到隔周見他時，他開心的說他現在願意打球了，因為他覺得自己就是打不到人啊！所以就隨便丟，丟不到是常態，如果能打到的話，心裡反而很開心。從這個案例來看，其實催眠在個案內在創造了兩次沒打到的經驗，這個經驗看起來是發生在他腦海裡想像出來的「假」，但是在催眠狀態下，卻成為了他內在裡頭「新的經驗」；成為了他內在主觀上的一種「真」。事隔多年後，我問到他當時的治療經驗，他還是覺得很好笑，他覺得，當

時的感覺就像是真的又發生了一樣，所以他有種「我認了！」的感覺，也就接納了自己不擅長球類運動的事實。所以，**所謂的真實，其實是你的大腦相信什麼？** 如果我們相信現在隨時可能發生地震，那麼我們便會處在一個隨時需要逃離的警覺狀態，當我們在潛意識裡產生了深刻的經驗，這個經驗將會影響我們如何知覺我們的世界，為了保護自己，人創造出一個「不符合真實的真實」，而且深深地相信。每個人都活在一個其所相信的世界裡，憂鬱症的人相信人生是沒有希望的，焦慮、恐懼症的人相信處處充滿著讓人害怕的東西，強迫症的人相信只有反覆確認才能讓人安心，被害妄想症的人相信所有人都要害他，一個不信任愛的人相信世界上不會有真愛…。

　　另外，想像與真實界線模糊的現象，其實在我們的身心反應上也可以找到證據。曾經，我在一次催眠治療師訓練課程中，帶學員們做了一次泡溫泉的團體想像式催眠，當大家都享受在泡湯的舒服之際，我暗示了其中一位男性學員，告訴他：「你原本以為是在男湯泡著，但是突然發現自己其實是在女湯。」當時，這位學員的臉瞬間漲紅了起來，感覺非常地尷尬。事後，該學員回想剛剛的歷程，覺得一開始是想像，但是當投入在那樣的想像後，就成了一種內在真實的感覺。因此，我們可以說，在專注的條件之下，「想像即為真實」，你所知覺到的真實其實來自於你大腦所相信的，而不

是客觀所經驗到的。當你大腦相信它存在時，你的心理感覺及生理反應都將隨時改變。

在醫院精神科工作的時候，我們常使用一種儀器叫做「生理回饋儀」，透過這種儀器可以檢測到人的各種生理反應，像是血壓、心跳、膚溫及腦波等，藉此可以瞭解人在壓力或焦慮下的生理反應。如果以儀器來檢測接受催眠的受試者時，可以發現，當處於放鬆的催眠狀態下時，生理資料會顯示出不同於一般清醒的狀態，換句話說，催眠狀態是一種正常的意識改變狀態之一，並且可以藉由科學儀器得到驗證。

人腦每個細胞都包含有一個巨大的電化複合體和傳遞系統，大腦工作時，神經細胞的離子運動產生電流，大腦150億的神經元不斷釋放出微電流，電流活動情況可以用EEG腦電分析儀測得如以下五種不同型態的腦電波：

（1）β波／14～38赫茲
清醒意識狀態、精神處於緊張狀態、對周圍事物敏感、注意力集中在外界環境、容易疲勞，大多數人白天的狀態。減低免疫力系統。

（2）α波／8～12赫茲

清醒而身體放鬆的狀態，是意識與潛意識的過渡階段，注意力呈現聚焦、容易集中精神於某一工作、不易受外界其他事物干擾，大腦不易疲勞。因為身心能量耗費少，所以腦部獲得高能量，運作更加快速、順暢，可以提升靈感與直覺力，是人類學習與思考的最佳狀態，適合潛能開發。

（3）θ波／4～8赫茲

精神與身體處於深度放鬆狀態，注意力高度集中，靈感湧現、創造力極高，容易進入睡眠狀態。此時，人的意識中斷，使得我們平時所具有的批判性或道德性的過濾機制被埋藏起來，而打開心靈之門，對於外界資訊呈現高度的受暗示性狀態（Hyper-suggestibility）。θ波與腦部邊緣系統有非常直接的關係，對於觸發深層記憶、強化長期記憶幫助很大，科學界稱θ波為通往記憶與學習的閘門（The Gateway to Learning and Memory）

（4）δ波／0.5～4赫茲

睡眠時的狀態，睡眠出現δ波，睡眠品質才得以飽滿。

（5）γ波

極度專注狀態，如飛行員操作飛機降落時。

● 夢與真實

　　另外，我們也可以從人做夢的狀態來理解真實這件事。當人在做夢的時候，大部分的人並不知道自己正在做夢，也就是當你在做夢時的經驗，對做夢當時而言其實是一種「非現實的真實感」。這種真實感讓人在夢裡以為經驗到的夢境是真的，因此在做夢的過程中，身體的生理反應將隨著夢境出現類似真實的反應。例如：當你夢到從高處掉落的夢，會出現驚嚇的情緒，甚至身體可能產生肌肉緊繃、腎上腺素上升的反應。這些都是因為我們「腦海」裡存在著夢的畫面，這些畫面雖然不是真的在「視覺」上所見到的，但是卻能夠引起人真實的反應。換句話說，當人完全處於潛意識的當下，不是真實的事情，在身心上其實可以算是一種真實。這種真實與催眠過程中的感覺是類似的，人在高度專注的催眠下所經驗到的，過程中就像是處在夢境一般，並不會留意自己正在進行催眠，除非你的意識不斷提醒著你正在被催眠。因此，對於催眠下的意識狀態，我們可以理解成是一種「經驗內在真實」的意識經驗，這樣的經驗使得被催眠者能夠強烈的感受到催眠當下的「浸入感」與「臨場感」，腦海裡的情境成為治療歷程中被催眠者經驗著的「當下感受」。在催眠治療的進行中，個案通常不會刻意地去區分腦海中畫面的真實性與現實真實性的差別，因為對個案而言，其真實情緒感受在情境中將會明顯而逼真，治療中的「虛幻經驗」成為了新獲得

的經驗。

意識的選擇性　接受與不接受

　　意識是個人與環境互動所獲得的經驗，是一種長期經驗的累積，也可以是指短暫經驗的認知，這其中包括了心理狀態中的感覺、知覺、情緒、記憶、心像與觀念等。意識是一種歷程，一種對自己覺知的過程，這種覺知涵蓋了對自己所做、所想、所感與所知的主觀認識。簡單地說，人存活於世，心理狀態的產物是一種意識經驗，我們在環境中接收到刺激，也會與環境中的刺激產生互動，相互影響的結果，在內在裡形成意識。

　　意識是具有不同層次的，當我們處在清醒、休息狀態下，意識狀態是一種閒散的意識，人在此時意識的流動方向是多變的，會隨著我們的思慮隨時進行轉換，直到突然有件事情引起你注意，這時候意識狀態開始產生改變，注意的覺醒在心裡面產生一個焦點，當人全神貫注在某件事情時，意識狀態是集中、專注的。大部分生活中的意識經驗大多像上述那樣，是在一個區間內流動的，這是指在清醒的狀態，沒有接觸到可能產生幻覺的物質之下。人在清醒下的意識，隨時與所處環境接觸、感受，你可能會經驗到各種令人感到

快樂、滿足、生氣或悲傷等的事件，這種接觸的片刻，人的意識開始出現選擇性，也就是接受或不接受，接受會內化進入成為自己一部份；不接受的將形成抗拒意識。我們常說，有些人會逃避問題、不肯面對事實，人在逃避行為出現之前大多先有逃避意識的產生，當你專注在不願意接受的事實時，事實將在意識上離你遠去。

　　人最不願意面對的是突然出現難以承受的事實發生，這時候最容易形成心理上的創傷。事實之所以難以承受，是因為與自己的預期不符，人都不斷地活在自己默認的世界當中，你無法知道自己何時會失去，但是卻不斷地編織不會失去的幻想。 不管是人的命運或是以事情發生的機率來看，人面對未知，容易出現焦慮與害怕，因而有時選擇不去看不去聽，所以，一旦發生了不幸的事實，自然就難以面對了。其實，對於難以把握的事情不是要你感到害怕，而是提醒自己去把握值得珍惜的人事物。在2007~2011年，我參與了台灣的地檢署工作，當時主要是處理個案遭遇到家人意外死亡所造成的心理哀傷。與經歷哀傷失落個案的會談過程裡，有時會聽到他們說：「我後悔沒有阻止他去那個地方。」、「早知道會如此，我會答應他讓他做他想做的事。」等等。人明明知道自己沒有預見未來的能力，但還是會怪自己怎麼沒有做到。其實，在這種時候，人們都會覺得做得不夠的，並不是你做的不夠好，而是事實來得太快，令人難以接受。

意識的自我保護

　　我們的意識有許多心理的保護機制，對於我們難以接受的事會予以緩衝處理，它就像是車子的防鎖死系統，不讓剎車時完全鎖死而失速，我們的心理防衛機制在痛苦的時候會啟動保護機制，以減少因為難以接受而帶來的焦慮。常見的幾種機制是：

● **否認**：無意識地拒絕承認那些不愉快的現實，例如生病的人否認自己生病。

● **曲解**：將外界事實加以曲解、變化以符合內心的需要，例如剛剛與女友分手，卻告訴身邊的人快結婚了。

● **反作用**：因為不符合社會道德或引起內心焦慮，以一種相反的途徑釋放。例如對先生前妻的孩子懷有敵意，而特別溺愛孩子，來證明自己沒有敵視孩子。或者發現自己有同性戀傾向，卻成為反同性戀者。

● **轉移**：在一種情境下是把危險的情感或行動轉移到另一個相對安全的情境釋放出來，通常是把對強者的情緒，欲望轉移至弱者身上。例如對上級的不滿，但回家後將情緒發洩在家人身上。

● **壓抑**：指一個人產生痛苦的情緒或經歷創傷時，有意識地控制自己，避免觸及創傷。例如家人突然意外身亡，當別人提起時會迅速地轉移話題。

● **投射**：將自身一些不被接受的想法、動機、欲望或情感，賦予到他人身上，推卸責任或歸咎於他人，從而獲得解脫。例如一個不願意努力學習的人，卻認為其他同學也是如此。

這些機制有時候並不容易被當事人所覺察到，一開始的時候這些機制是自我保護，但如果過度使用就會造成心理的不健康。人類有這樣的保護作用，是一種自然的心理作用，我們不需要去破壞或改變，而是需要去了解與覺察自己。心理保護作用的過程，許多情感會注入進我們的潛意識裡，讓意識感覺不到，所以有時候我們的大腦會欺騙我們自己，讓自己相信一個自以為真的事實。但這不代表我們的意識所知所感所想都是不對的，事實上理性的思維提供了我們生活上很好的依歸與做事做人的準則與道德思維等，不過我們須要對潛意識的自己要有更多的瞭解認識，才不至於偏離了事實太遠。

潛意識看似是一種很本能的衝動，也確實潛意識的自動化很多時候讓我們不假思索地活著及運作，但是另一方面來說，潛意識並

非都是不講理與本能的，而是蘊藏著人的直覺力與智慧。許多的時候，我們的理性思維讓我們依照應該要去做的方向做決定與行動，但是意識的思維是有局限性的，因為我們會衡量考慮很多，因此有時候會糾結或是做出偏離本性的決定。這時候我們需要依靠內在潛意識的自己來平衡。潛意識與意識之間存在著一個稽查員的角色，會自動過濾那些不想讓我們意識感覺到的事，其實這些在潛意識的東西，不管是好是壞，它們是很真實的存在。

存在-人本催眠裡有個說法是「潛意識先行」，這個意思是，有時候我們以為是大腦意識在做決定，其實潛意識早就為我們準備好前行的方向了，我們只是按照潛意識的大方向走著，無論你做什麼決定，基本上不偏離這些大方向。覺察自己內在的意向過程，就是探索自己的內在智慧，也就是瞭解潛意識為我們可能帶來的引導。

時間的主觀感

人心裡面總有個「主觀時鐘」，是一個隨心所欲想讓它變快或變慢都可以的時鐘，意思是人的期待與希望在時間上出現的一種錯覺，時間這個東西在人的意識上，產生了一種非現實的想像。曾經

有一陣子，我接了一個軍方的工作，為部隊裡的新兵進行心理諮商。會談一開始我總會先問他們，來這裡已經好幾天了，心裡感覺如何呢？幾乎每一位新兵都會告訴我，感覺度日如年，希望時間能過得快一點，趕快結束服役的日子。當兵確實很苦悶，不然不會有這種期盼。只是，這期盼跟時間過不去，時間總是一秒一秒地走著，從來也不曾為了誰的期盼而走快一點或慢一點。人在快樂的時候也有類似的現象，談戀愛的時候，快樂時光總是覺得過得特別快，多希望時間可以凍結住，讓自己可以一直留在快樂的時光裡，然而，時間依然是很理性地運轉著。

　　某些事情確實對人來說是很殘酷或難熬的，只是不管是在痛苦或快樂時，意識上希望時間能改變快慢，其實就是不願意接受現在所面對的事。害怕得忍受好久的苦、不想失去擁有快樂的感覺，如果人不願意接受當下這一刻正在發生的事情，又偏偏非得經歷這一切，便會出現調適困難的問題。有一個新兵在會談的最後說：「我知道了！是不是我應該「認命」呢？」我笑了出來，確實如此啊！只是認命不是消極或悲觀，而是面對人生，知道什麼是可以期待的，又什麼是不可以期待的。

主觀選擇性

　　讓我們再次回到意識上來看，意識是「選擇性」的，可以藉由人的意志決定你要意識到什麼。人面對外在世界，先是透過各種感官知覺去經驗，像是觸覺、聽覺、味覺、嗅覺、視覺等。感覺是一種刺激，當這些刺激大到一定程度（閾限）時，會引發神經上衝動的反應，神經將訊息傳導至大腦中產生知覺。以視覺為例，光線對視網膜的視桿細胞（rod cell）造成刺激而產生神經衝動，經過視神經將訊息傳導至大腦的主視覺區產生視覺。每個人的閾值不盡相同，也就是多大的刺激才能夠產生感覺。儘管如此，大多數人經驗到的刺激不會有太大的差別，最大的不同處是我們的主觀意識。

　　主觀意識加諸了我們對刺激的分析與解釋，當你發現有個人正在看著你的時候，在生理刺激上其實每個人都是一樣的，也就是「知道有一個人正在看著你」。不過，你覺得這個人為何看著你？這個問題的答案就很不同了，有人會覺得是那個人可能對我有興趣，也有人可能會覺得是自己身上哪裡有問題嗎？不然為何一直看著我。你的意識焦點聚集在怎樣的想法上，你的意識流將繼續帶著你前進、遨遊。焦點意識涉及到你相信什麼？你覺得這個世界是美好的嗎？是安全的嗎？你的相信引導著你走入怎樣的意識之流，它就像是最高領導統帥一樣，有既定的命令與原則，以特定的相信表

現出特定反應。

問題藏在潛意識裡

　　相較於意識，潛意識不像意識那樣讓人容易覺知得到。它是潛伏在意識之下的另一種意識狀態，裡面包含著許許多多情感及欲望的複雜情緒。潛意識對人的影響深遠，很重要的原因是，人比較不容易覺察到潛意識的存在，我們卻都不自覺地受到自己的潛意識所影響。潛意識是我們面對日常生活的一種反應結果，意識上做出反應，潛意識則是意識反應後遺留下來的產物。假設一個人很難接受某次考試的結果，意識的層次可能出現無法接受的想法及感覺，這樣的意識流就像是在水的源頭處倒入污染物一樣，慢慢地河流中下游將逐漸受到污染，行為及情緒上就會有激動、怨恨或破壞的表現。至於潛意識呢，就像是地面下的土壤，經過一次又一次的水源污染，水裡頭的化學物質慢慢滲透入地表下的土壤，污染的程度愈大，影響愈深，所以那些在意識層面不想接受的事情，反而在潛意識裡頭可以發現殘留的痕跡。

　　我們愈是不想回想起來的事情，時間久了就會遺忘了？或是不會再受到影響？很可惜的是，事實剛好相反。愈是想逃避、不願面對的，它對我們的影響就愈久愈深，因為沒有面對它、處理它，問

題當然還在。然而，這裡談的其實是一種強度，當事件衝擊的強度大到讓人頓時無法面對時，只好在意識上先做保護性的處理，會儘量不去回想，接著是讓痛苦深埋在心底處，埋得愈深，意識及感覺上就愈感覺不到痛苦。意識上保護性的處理是有意義的，這樣才不至於讓人遇到重大打擊時產生精神上的崩潰。我們可以將這樣的過程，看成如同將重要資料，儲存在我們的巨大硬碟當中，這個最沉重的檔案資料，將會被自己上鎖，需要特定密碼才能解開。這個密碼是自己設的，問題是時間一久，意識上產生心理遺忘現象，連密碼或開啟的鑰匙都忘了放在哪了。人會忘了發生過的事，然而，不代表這件事不存在。

潛意識中的記憶

　　我常會遇到求助者詢問，是否可以透過催眠將痛苦的記憶消除呢？這涉及到痛苦是記憶造成的嗎？如果將記憶移除，是否痛苦就不存在了？這個問題要回到記憶的本質來看，記憶本身並非是一個單位而已，而是一個接連一個，不斷串連而成的整體。一段記憶通常不是一個片刻的畫面，而是一個猶如電影情節的連續發展。記憶的產生是人先經驗到外在刺激，這些影像及聲音「輸入」成為「感覺記憶」。接著透過對感覺記憶的「注意」進入「短期記憶」，短期記憶一般約能維持數十秒鐘，如果要形成「長期記憶」就必須經

過大腦對訊息做出分析、複習、比對等編碼過程，形成有意義的記憶。這些儲存在長期記憶裡的訊息，是一連串「有意義」的記憶組合，當出現新的訊息，舊訊息被做為參照的意義經驗，一起揉合成為新的記憶。所以人會很快速地將新經驗到的事情，拿以前的經驗做比對，類似的情況將會引發類似的感受，這也就是人為什麼會受到過去發生過的事情影響。

這些有意義的記憶就儲存在我們的潛意識裡，並且總是左右著我們的情緒。就像是我們大腦理智上知道必須要做的事情，卻未必真的能夠做到，當我們的經驗進入到深層意識的時候，它便會像是一種本能的反射反應，不容易受理智或意識控制。許多面對情感問題的個案，明知道與某種人在一起可能會讓自己受到傷害或痛苦，但仍然控制不住自己的情感而掉進感情的泥沼中。所以潛意識「自動化」的特性，可以為我們提供了自我保護，但也可能反覆地、無意識地重複出現問題。

在意識與潛意識中練習專注的力量

專注不是你看或聽哪裡而已，而是你的心在哪裡！

當人潛意識裡有害怕擔心的時候，專注力其實不完全在當下。活著，卻沒專注地活著，所以總是會「分心」去注意讓你害怕的事或狀態，造成人一直處於害怕中。訓練自己同時於意識及潛意識去專注在美好的感覺上，可以讓身心狀態更好。

由於催眠狀態能夠引發的一個很重要的條件是——專注，而人的注意力又是選擇性的，所以當人全神貫注在一件事物上時，也就同時疏於關注其它的事物。專注不只是知覺上的注意，例如我們看著一朵花或是聽著一首歌曲，看見與聽見只是生理知覺的層次，如果我們看著花的同時卻想著工作的事，那麼我們並不能說我們專注於事物上，甚至可能要反過來說，其實是專注在我們心裡想的工作的事。所以，**專注不在於你生理上感知到什麼，而是你的心感受到什麼。**當我們說到「當下」的時候，是指眼前我們正在經驗的事，然而，大多數的人，心理的活動是在過去到未來的時間線之中跳躍移動的，我們經常回想發生過的事，也想像著接下來可能發生的事。從意識經驗來說，專注是我們的意識在某個時刻專注的點，無論我們專注在哪個時間點或事件，在那個當下，人的精神與情緒狀態、身體的感覺將隨著這個專注的點而引發相應的反應。例如，當我回想著昨天發生的一件令我尷尬的事情時，我的心情會感到緊張、不好意思，身體也可能緊縮起來，但其實我只是呆坐在我的房間裡回想這件事，我身體的存在並不在「彼時彼地」的那裡，而是

在「此時此地」的這裡，但是我的意識所專注的則正好相反，我的意識讓我對「彼時彼地」經驗轉變成「此時此地」的經驗。

● 回憶不等於回溯

　　專注的經驗有層次之分，一個是「回憶」。如果我們只是回想某事，意識上我們是在此時與彼時之間來回切換的，雖然會產生回想後的心理感受，但是不會穩定保持在回想的狀態。但是，如果我們進入到催眠的「回溯」狀態，這時候我們「當下的我感」將會喪失，取而代之的是對所專注的事件的感受。從語言時態來看，在人回溯的當時，現在進行式（V＋ing）不是指身體正在進行的狀態，而是人彷彿坐著時空機器去到某個過去的時空裡，這時候人經驗到的V＋ing完全是另一個時空的事件。例如：如果我專注地回溯到我曾經被牙醫拔牙的記憶時空裡，對我內在意識經驗來說，我此刻彷彿能感受到正在拔牙，經歷著害怕的情緒，身體肌肉也緊繃著。對於正常人來說，不管是回憶或是回溯，我們也許會觸「景」傷情，但是對仍有心理創傷的人來說，更像是沒有離開那個恐懼或傷心的現場過，一般人是回憶，但心理創傷者則是反覆地活在過去，對他們來說，偶爾拉回到現實中感到安全，反而成為了另一種「前往某處」的經驗。

喚醒原初經驗

　　人打從出生開始，就對於我們所經驗到的事情予以各種詮釋，人的各種經驗是揉合了個人的認知與知覺的。一開始的生理知覺是我們的「原初經驗」（Primary Experience），當人接觸到這個「中性」的刺激，很快地會以我們過去的經驗做理解與判斷，賦予它獨特的意義，使得中性的經驗轉而成為主觀的經驗。之所以說原初經驗是一種中性的刺激，原因是任何事情對人而言其實都沒有絕對的正面或是負面，端看我們如何去看待它。賦予獨特意義的轉換是從普遍性到獨特性的歷程，質變的原因包括了文化、語言理解的能力、過去類似經驗是否再次被誘發產生反射性情緒，以及人為了維護存在核心的保護性防衛作用。因此，人的獨特性與不斷反覆累積的個人主觀經驗有關，人一方面需要認識到自己的獨特性是什麼？還得回到過程中檢視獨特的建構是如何發生的？

　　人的經驗既然不斷地被詮釋，成為個人的獨特經驗，因此個人的新經驗與詮釋也就有機會修改或覆蓋舊有的經驗。客觀現實中，人不可能回到過去，但是事實上人卻不斷地在意識上來去自如，甚至活在過去的經驗中。換句話說，一旦人在意識上停留在某個過去經驗中，在那個經驗的當下，宛如反覆經歷著該經驗，如PTSD（創傷後壓力症候群）這類型個案即是這樣的問題，他們會反覆處在警

覺的狀態下，經驗著非現實的驚恐反應。當人無法客觀專注於當下
經驗時，客觀真實這件事對人來說也就模糊化了，當創傷被反覆經
歷的同時，人將無法正確感知內在的真實，嚴重地如強迫意念患
者，理性意識將完全說服不了自己焦慮的事情。

　　潛意識的反射性對人來說，同時存在著正反兩面對人的影響，
正面是提升了人類思考與行為反應的效能，不需要太多意識作用的
時間，便可以做出行為反應，不過如果是經驗過的心理創傷，亦同
樣會本能地做出反應。從積極面向來說，這樣的雙面性質可以為
我們創造出正面的影響，如果人可以活在自己相信的真實裡，那麼
我們就能夠創造出一個新的主觀內在經驗。在實務上，我們必須要
回到經驗被詮釋與建構前，使原初經驗得以喚醒，這意思是催眠回
溯到過去彼時彼地的知覺感官經驗，而不是後來對事情的看法或解
釋。原初經驗還原的最重要條件是意識的解除，我們所習慣使用的
大腦意識狀態的暫時性關閉，讓我們有機會真正地接觸到未被建構
前的那個自己，那些都儲存在我們的記憶之中，只是我們是否能純
粹地看見它們。原初經驗的還原價值在於，使得人能回到那個有問
題的建構之前的時間點，再次地經驗到那個中性的刺激經驗，並且
有機會再次賦予它不同的意義。

　　那麼，我們如何理解原初經驗的體驗呢？其實回溯的個案已經

不完全是當時的那個自己，在智力、經驗及對自己的認知概念都已經不一樣，所以事實上更像是一個成年人的自己回去拜訪小時候的自己，這個過程人回溯進入舊的經驗中，這個再回去是帶著人趨於追求好的感覺而回去的，人的求美求好的意志為回溯注入了新的接觸經驗。

意識編織形成意識認知

在催眠臨床上，許多人帶著意識上認為的問題前來，或是認為進入潛意識後應該會看見某些特定的問題，但事實上，有時進入潛意識後看見的是另一回事，許多個案看見的不是預期所見的，甚至驚訝於所見到的。這個原因是，人的意識習慣主宰著我們的思考，我們甚至錯認為意識的世界即是我們全部的內在世界。當我們說「相信」時，其實很大的一部份是指意識上的相信，也就是我們所認為的。然而，意識上所認知到的往往是「意識編織」的結果。意識編織是指，人積極選取了其意識上相信的材料，混和編織成一個牢不可破的意識網。意識網編織的過程依循的是左右意識的情緒感受，這些情緒被自己擴大解釋、並且主動找尋各種證據，支持自己的感覺是對的。也因為這樣，我們經常在他們身上見到思緒的混亂，不知道如何理清，或是深陷在某種迴圈及情緒當中。這時候，自己就像是被自己編織的意識網給困住了一般，動彈不得。

　　曾經有一位來找我做心理諮商的個案，我們談了好幾次她與她先生的問題，個案每次來見我總是訴說著許多對先生的不滿，經常愈講愈氣憤。在幾次談話後，我建議個案試試催眠治療，這是個案第一次接受催眠治療。治療的一開始，我引導個案進行深度的放鬆，然後慢慢帶個案做了年齡與時間的回溯。在回溯的過程裡，個案意識上覺得她肯定會想起更多關於先生不好的記憶，但令她出乎意料的是，出現的畫面竟然是先生很溫柔地看著她。在過程中，我引導個案細細地去感受，個案最後帶著驚訝與感動回來，心情也放鬆了許多，她發覺到其實催眠中看見的也是真實的一面，只是自己本來不太願意相信罷了。

　　為何進入催眠狀態下看見的又是另一種樣子呢？原因是，潛意識內所存藏的是我們意識上所排除的記憶及感覺，那些被自己壓抑或否認的部分，甚至比意識所認知的更為真實。所以，人一旦進入潛意識中，便很容易可以經驗到真實的自我。其實，對個案而言，意識上相信的與潛意識裡儲存著的記憶都是很重要的。意識上的那些對先生的厭惡與憤怒，確實也是她生活中的真實感受，只是之所以痛苦，是因為看不見也難以感受到內在那些壓抑與否認的部分。

CHAPTER 2

存在 - 人本催眠治療的實踐
生命的轉化

生命之流

蜿蜒曲折的河流隨著每個人成長的經驗而有所不同，但從起源與流入大海則是必然與相同的。河流有長有短，正如人生一樣，我們都不知道生命會在何時結束。每條河流都有它與這片土地連結產生的意義，它養育著大地的生命，同時也受土地與環境的保護。就像是人生道路一樣，我們受到養育、也將自己的這份愛給出去。過程中，你會遇到不同的人事物，那交會的經驗創造了自己。

河流是生生不息的，並且在每一個時刻產生變化。所有的一切不會重來一遍，卻也不斷創造新的能量。我們能掌握的只有當下。水是世界萬物與人類生命的泉源，如同生命一般值得我們珍惜與愛護。人生的河流流向目的地的過程，難免受到石頭或地勢的阻礙。但是我們無須害怕與擔憂，生命之流本來就具備其適應性與穿透力。只要我們帶著堅定的信念與勇氣前進，必定會找到出路，所有的困難終將過去。

人本取向催眠的引導最主要的並不是治療師所意圖帶引的方向，因為每個人都有屬於他們自己獨特的內在河流，療癒的產生是順應著個案內心裡的那條心理河流，去發現他們生命的獨特性。我們永遠不知道什麼是對個案最好的答案，但是一個人的生命經驗會告訴你什麼才是真正的生命解答。

治療核心精神：
以當事人為中心的理解

治療精神是心理治療的依據與準則，缺乏治療精神的治療就像是少了靈魂的軀體，是空洞而沒有方向的。存在 - 人本臨床催眠治療的精神與主要的治療理念有以下幾個部分：

● 對生命處境的深刻理解

　　人的問題無法脫離其生活環境的脈絡來看，人影響著環境，環境也影響著人。這樣的環境包括了人的語言環境、靈性宗教信仰、所處的文化與價值觀、社會與國家的制度、地區或國家的處境、經濟財務情況、社會人際關係、職場文化與環境及家庭關係等。

　　存在-人本催眠以「人的處境」做為一切人本關懷的出發點，意味著對於「處境性」（situatedness）的重視與強調。重視人在世界、在宇宙中的位置。治療重視探究個案存活於世的處境性的瞭解，將個案的問題放置在生命意義的架構中思考，瞭解個案存在狀態的問題。

● 以人為本的關懷與技藝

強調臨床工作能注入人本的深度，也讓人本思想運動與知識生產貼近臨床現場，並且重視治療師的人本關懷與修為。人本治療師是一位人本主義者，也同時具備科學視野與修養。人本指人本主義（Humanism）或人本精神，強調研究與關注的是「人」自身。主張將人的生命與心靈賦予最高的價值、地位、思想、態度及取向，並且除了人之外，所有的生命與心靈都必須加以尊重與珍視。

存在-人本催眠以個案內在經驗為主，**重視引導個案去發現與經驗個人深層的內在，進一步達到新經驗的產生與轉化，**而非將指令或技巧加諸於個案身上。方法上以溫暖細緻的方式，強調治療師對人類生命價值的相信與態度，同步地在個案的潛意識裡專注跟隨、細細陪伴的治療歷程。

在治療的過程中，治療師以個案為探究的主體，焦點是放在理解個案，而不是考量給予個案什麼。因此，存在-人本催眠治療高度專注於個案所出現的所有變化，像是面部表情，情緒或是其腦海所看到的畫面。治療師不主導治療的走向，而是跟隨著個案的意識流方向，進行陪伴與適當的指引，協助個案能做更深度的自我覺察。

● 治療不是指令的植入，而是引發個案探尋內在的自己。

　　存在-人本催眠治療不是治療師對個案植入指令或是給予建議的過程，而是協助個案發現及意識到面對事件或問題時，那個當時的自己究竟怎麼了？問題解決的答案與關鍵不在治療師身上，而是潛藏在個案的心裡，治療是協助個案從自己內心認識自己，並且找到協助自己的力量。

　　催眠狀態是一種人本來就存在的意識經驗，催眠引導的方式如果僅是給予個案指令來改變他們原來所相信的，那麼我們要質疑或思考的是，治療師如何確定所給予的是正確的？存在-人本催眠相信的是，催眠引導的方法是轉換意識的過程，帶著個案進入到潛意識，治療是透過以人為本的貼近與陪伴，走入生命之流的歷史與經驗，在其本然既已存在的內在世界中，安穩地找尋生命中值得我們去看見的感動，而轉化的發生，就在當事人給自己更多的愛與觸動的交會處。

● 相信苦痛裡的愛與力量

　　個案所經歷的痛苦並非是負面能量或心理垃圾；相反地，這些

痛苦難受的源頭中總是可以看見個案在生命中想要成為的（to be）
的樣子、想把握的在乎，或是想要維護/保護的自己。因為有著這些
在乎，當人遭遇到逆境的時候，便會使勁用力地想維持住自己期待
的樣子。雖然呈現出來的狀態是有問題的，但是這些根源則是充滿
積極力量的，是每個人最珍視的生命寶藏，是個案重新檢視生命意
義的寶貴機會，也是轉化為豐盛能量的肥沃原料。

實施觀念與要點：
深層探索讓問題的本質浮現

現象學式的心理探究

　　現象學對於回到事物自身的觀念，是存在-人本催眠治療實踐最重要的引導依據，這關乎到一個很重要的問題，就是個案的問題在本質上的看見與解答是在治療師還是個案身上。一般催眠在做法上依賴的是治療師的判斷與解釋，這些評論試圖對於個案呈現的現象做學理性的解答，也就是由治療師敘說個案問題的屬性與因果。這樣的判定大量仰賴著治療師對問題現象的看法，對於問題追問的方向與治療的依據主要在於治療師本身。如此，治療師所引發的探究意圖與走向也就使得個案必須跟從治療師的框架與路徑前進。

　　存在-人本催眠基於現象學式的方法，在治療的過程中則更像是一個等待的過程，奠基在個案所呈現的內容，繼續往下探究了解，

使得問題的本質得以逐漸浮現。存在-人本催眠治療師在施作過程中，不斷監控與揚棄自己內心可能躍出的判斷，並且全神專注於個案所呈現出來的。**治療師秉持的是「我不知道」的態度做聆聽與理解，對於那些顯得很「理所當然」的描述，抱持著好奇，願意再花時間做更深入的了解。**例如，當聽到個案說：「我的男友昨天跟我提分手，我感到很難過…。」治療師此時知道的僅是個案分手的處境與難過感受，但不以自身的經驗來理解這個難過，也就是我們確認了難過是什麼，但是又不知道難過是為何？個案有可能是因為覺得失去關係而感到失落哀傷，也可能是因為想到今後要一個人生活的孤單害怕等。所以治療師不是代替個案解釋這個情緒的原因，而是繼續聽取個案陳述情緒背後的需求與在意是什麼？這是一個連續不斷的深究歷程，直到個案最本質的樣貌向治療師展現。以這個例子來說，其本質的問題可能之一，是個案覺得自己就是一個沒人愛的人，本質問題往往是個案生存性的問題，是個案不可或缺的欲求與生命缺口，它是活著的最根本性的依靠，是驅使個案恐懼與無意識作為的內在動力。一旦本質問題浮現，治療的焦點便從主述問題轉至問題的核心，主述問題於此被視為是核心本質上的製造與湧現，核心有如噴泉源頭，個案的主述僅是呈顯於表面的現象之一，也就是個案來談問題只是當下的問題，它不是唯一，因為核心問題還可能以多種樣貌呈現於意識表面，處理了源頭的問題，才是真正一勞永逸的治療。

以下是實際上在執行催眠治療的要點及需要留意的部分：

脫離意識

　　這是催眠的一開始的部分，主要是藉由身心放鬆與專注達到意識轉變，放掉大腦意識所主導的邏輯思考，走向潛意識中原始經驗的自動浮現。身心放鬆主要是身體的「漸進式放鬆」，這是大多數催眠在一開始都會進行的引導，可以迅速地達到身體肌肉及心理上的放鬆。然而，在放鬆技術上並不需要拘泥於一定形式或方法，只要能夠讓個案體驗到舒服與放鬆的方式都可以嘗試，諸如：呼吸練習、靜坐與冥想、靜心、肌肉鬆弛法或漸進式催眠放鬆等。必須要特別注意的是從意識到潛意識的轉變，需要引導個案做卸載意識的引導。人們有以意識去思維的習慣，因此需要協助個案做到意識的轉變。此外，這個階段也是為接著的催眠治療做預備的階段，是催眠治療的基礎，能夠順利進入到潛意識的狀態，才有助於個案在催眠治療中更順利地經驗到內在真實的經驗。

　　引導意識狀態切換可以有以下做法：

● **思維的解除**

例如：「現在，大腦什麼都不想，只是專注在你的身體感覺…。對於所經驗到的不去思考為什麼，只是感受著…。」

● 引發自動化

目的在於協助個案進入潛意識流裡，無須刻意想像，而是跟隨著自動浮現的內容去感受。

例如：「當你看著眼前的風景時，感受著它的變化…。很直覺地聽著、看著、感受著…跟著腦海裡浮現的…繼續看著、感受著…。」

● 允許

被催眠者很可能在一開始的時候就會釋放內心積壓的情緒，有些個案可能會習慣性地回到意識層面讓自己運用理智來抑制或轉移情緒。治療師可以協助個案允許及接納真實感受的浮現，不壓抑它並且願意去經驗它的存在。

例如：「接下來，任何真實感受的出現，都不急著解決它、跨越它，只是慢慢地、細細地感受它帶給你的感覺…。」

催眠中的時間概念

催眠中的個案其身體是在催眠現場的，然而，其意識經驗卻又不在現場。以回溯催眠來說，個案內在經驗的事實是在過去的某個時間裡，除了物理性的存在於現場，其心理狀態、身體反應及生理變化都與個案所沉浸的世界同步發生變化。從催眠語言來說，催眠需要進入一個不在現場的現場裡，在語言時態上必須得做出轉換，這是催眠的語言與一般語言使用的不同之一。**治療師的語言與個案一同走進了跨越時空的經驗裡，從一個現實的「此時此地」轉入另一個此時此地之中。**舉例來說，如果我們對正在回溯的個案問：「你在那個時候看到什麼？」這樣的問句是有問題的，因為這會讓個案同時處於兩個時空之中，個案會站在此刻看向過去，將無法真正地進入經驗之中。所以，語言上我們必須轉變成「現在進行式」的方式來表達，例如，你「現在」眼前出現的這個人給你什麼感覺？此刻，你「正坐在」回家的車上，這時候心情是什麼？

一旦個案的經驗與治療師的語言形成了存在的「共境」時，個案的主體經驗也就得以彰顯開來，個案會經驗到一種彷彿真正回到

過去之中的浸入感，經驗的當下甚至連一般催眠理論所提到的「隱密觀察者」機制都不會啟動。當浸入深層意識中，除了原本意識能回憶起的內容之外，部分已被意識遺忘的記憶將再次浮現，細節記憶的出現也使個案更加「逼真」地經驗到回溯內容。

引導的語言

　　催眠與心理諮商在實施上最大的差異在於語言的使用，大多數心理諮商處理的焦點在於意識想法的層面，透過傾聽個案所說的內容，整理與回映個案的所述與狀態，藉著治療師如鏡子一般地反映給個案，使其產生領悟性的自我認識。治療的過程個案需要詳細陳述事件經驗及對自身經驗的看法，而治療師所聽見的，也必須適時地回應給個案知道，這樣的交相過程構築起一連串的治療性談話。而催眠治療在治療過程中，個案並非在陳述其認知上的看法，而是沉浸在事件或經驗之中，此時，治療師的口語同理形式轉換為一種「陪伴的聲音」。這種互動關係如同兒童遊戲治療的看見與回應，如：「你現在正看著那個令你感到疑惑的房子」；「此刻你坐在湖上的小船上…」。治療師將個案所說的內容做簡單但是精確地回應，並且回應內容不涉入治療師個人情感或個人經驗，而是忠實地反映內容。於此，催眠的進展與方向並非像口語諮商那樣踩在治療師的不斷詢問的基礎上，相反的，**是跟隨著個案的潛意識經驗流前**

進以探訪其深層經驗。這如同治療師與個案同坐在一艘船上,在個案的經驗河流裡,隨著河流的流動,經驗著沿途的風景。

因為治療師無法看見個案在治療時腦海中的畫面,因此,治療師始終無法完全抵達個案的內在經驗,並且治療師對個案經驗畫面的理解與想像,也是依循著個案的,治療師難以完全地切身感受個案所經驗到的。這樣的無法觸及性看似缺憾,其實不然,因為一旦治療師能完全經驗到與個案一樣的經驗,治療師便可能產生「替代性的創傷」或勾引出不必要出現的個人經驗,假如是這樣,治療的方向將會出現嚴重錯誤與翻轉,進入治療師的潛意識經驗流當中。

那麼,治療師如何處理無法觸及個案經驗且避免掉進自己經驗中呢?需要維持怎樣的治療關係?首先,在催眠過程中,個案所言說的必然少於其腦海裡所經驗的,個案沉浸於經驗的時候,「語言」喪失了它原有的存在需要,就像是當你一個人走在一個美麗的公園的時候,你會感知著你所看見的花朵,聽見的鳥叫聲或聞到的草地芬芳味道,這時候或許偶爾會讚歎地說出花的美麗,但不會描述著所有你經驗到的或走路的經過。如果治療師為了瞭解個案所經驗到的所有事,要求個案不斷描述各種細節,這樣個案將分心於向治療師的傳達與溝通,大大地干擾了個案的深入體驗。

　　由於催眠中的個案沉浸在經驗中，其情緒也會自然地顯露在外表上（除非個案出現意識抵抗），包括了臉部的眉頭、嘴角、眼球的轉動、哭泣落淚、身體的肌肉緊張程度、軀體移動及四肢動作等，例如有些個案會在過程中手舞足蹈，或是突然眉頭深鎖，在催眠中，治療師能從個案身上發現的反應超乎我們想像的多，並且深具意義。從外觀觀察進入對個案的瞭解更具有客觀性，同時也避免了上述治療師經驗涉入的問題。雖然，個案缺乏描述性的語言，但是並非完全沒有，個案與治療師之間存在著一個「同行前進」的夥伴關係，正如當我們與朋友一同旅行時，偶爾會表達出我們對秀麗風景的驚歎一樣，個案在關鍵經驗中有時候會主動以口語表達出來，若沒有，也能從外觀觀察得到。所以，治療師必須放下也不必要瞭解個案所有的經驗，而是細緻地觀察個案的外在反應，並且在必要時詢問個案當下的經驗。

治療中的同步

　　存在-人本催眠治療師與個案進行治療的過程，強調與個案「在一起」的歷程。在一起是一種深刻的陪伴歷程，即便個案可能無法透過眼睛看見治療師的神情，仍可以透過溫柔聲音語調及細心引導的傳遞，使個案感到安心與溫暖。同步的精神重於技巧，但在實施上仍需注意與個案的畫面同步：治療師透過個案陳述的畫面，掌握

個案於催眠狀態下經驗到的內容。**治療師在催眠中，腦海裡存在一個「假設性」的畫面，透過聆聽去「求證」與「修正」至與個案的畫面貼近。**

舉例來說，如果治療師聽見個案描述花園的畫面時，在其腦海中也可以試著想像個案所說的畫面。必須注意的是，治療師於腦海中形成的情景或是情景的延伸，所依據的必須忠於個案所描述的，避免自行延伸情景，甚至引導個案走進治療師的想像情景中。治療師於治療過程中所獲得的情景，隨著更多個案的描述，編織成了一個與個案所經驗到的「最大可能性的近似」之經驗，藉此，治療師能有更多客觀、具意義的「問題概念化素材」，供治療師理解個案的狀態。

● 避免意識問句

為避免跳回意識層面，語言使用上盡可能地跟著個案的畫面中進行。治療師應當有一種意識一：彷如你也在那裡、而個案如同「一定會」經驗到的一種問法。例如，你想讓個案在其內在找到一個心理陪伴的人出現，引導上避免說「想一個…的人」，而是「感覺一下、看看那個人是誰在你旁邊？」（相信個案一定會找到這樣的人，即便事實可能沒有）。問句的使用，應該避免個案以意識層

面做思考回答，意識層面的問句像是：「你覺得這件事情為何會發生？」、「你想他是怎麼了？」、「你覺得你需要什麼來滿足自己？」等等。這類型的問句會引發個案去「思考」問題的原因，容易落入「意識」層面對問題或現象的解釋，如果這樣，個案的回答也就容易是「應該所是」而不是「如其所是」，一旦治療過程是以個案意識層面運作，也就降低了對潛意識探究的可能。

● 治療師自己的狀態

治療師的內在狀態與催眠效果有很大的關係，存在-人本治療師要比個案對問題更具信心與希望感，治療師相信個案可以經驗到些什麼，這不意味治療師灌輸給個案不存在的東西去相信，而是，治療師相信個案能夠找到其內在裡本然存在的力量與資源。

此外，治療師如何看待個案在催眠中所看見或呈現的材料，將會直接影響到被催眠者的反應。例如，治療師如果擔心個案往更深層或黑暗處去經驗，肯定會出現恐懼等負面的情緒，這時候被催眠者會因為治療師細微而不經意的焦慮或猶豫的語氣、內容受到影響，而跟著焦慮起來。所以，一方面治療師不需要為個案承擔去看或者不去看的決定與責任，而是將注意力放回個案身上，由個案向治療師給出其感覺與意向。另一方面，治療師應該相信人經驗到的

事件與問題不存在必然的關係，很多時候，在問題裡也同時存在著
值得發現的優勢或正面意義。

正向催眠語言

　　在催眠過程中，個案放掉了其意識的自我監控，更多的是以直
覺及反射性的方式來感受催眠過程出現的內容。這時候個案對於治
療師所說的引導語，會以一種反射性的方式做出反應，因此，治療
師在語言的使用上必須注意是使用「正向」的語言，避免使用「雙
重否定」的引導語。例如，當我們希望個案感覺放鬆時，就應避免
說成「現在，你的恐懼不見了…，你的緊繃消失了…。」因為，當
個案潛意識聽到「不恐懼了」時，潛意識仍然會接收到「恐懼」
這個字眼所帶來的反射性畫面及感受，而容易再次引發恐懼的感
覺。所以，治療師在表達上可以是「你正感覺著那份輕鬆舒服的感
覺…，感覺更自在、美好了。」

想像知覺

　　知覺經驗在現實生活中是真實的感知到的生理現象，你看到一
張椅子是因為在你眼前確實是有張椅子，而你的眼睛接受了這個生

理刺激，產生了影響。但是，如果你正在看椅子的當下，心裡想的是前一天很喜歡的另一張椅子，這時候，你的注意力並沒有集中在眼前的椅子，而是腦海中喚醒的對前一天椅子的記憶。如果這時候你很專注地回憶著那張椅子好看的地方，回想著椅子的材質與觸摸的感覺，這時候，心裡經驗著觸摸時舒服的感覺，在這一小段時間裡，你的內在狀態與眼前的椅子已經失去的關聯，更多的是受到腦海中憶想的畫面所影響。

我們的想像力及「出神」似的回想某個經驗或事物，這個不在事物現場的經驗，成了另一種正在經驗現場，自己是正在經驗著想像知覺的主體，也可能是當時的客體被主體觀看著。如此的現場轉移，使得主體經驗的是想像或回溯式的真實體驗，專注的意向性投入至腦海中的看見經驗之中，許多催眠狀態下的人可以感受到身體感覺的明顯變化，例如想著在海邊踩浪，腳底會出現彷彿真的有沙子的觸感或海水的冰涼感。

想像知覺的產生，為個體帶入實際的生理感受，實際不在現場的現場感，在不在現場於此已經不重要，而是我們投入的畫面感受，顯露出當下的體驗。如此的經驗是全人的感受，感受的同時，也創造出生命新的經驗與記憶，這也就是為什麼許多被催眠者在過程中的畫面及感受，即便多年後仍感到記憶深刻。

　　想像知覺在一開始經常是調動內在記憶與經驗感受，可以分為兩個不同深度：第一個層次稱為「冥想式的催眠狀態」，主要是藉由大腦主動「創造」的，這個創造性是意識功能上的運作，也就是主動彙聚各種經驗的過程，例如要你去想像現在正坐在海邊，你會啟動你內在對海邊的印象與記憶，再加上你對海邊想像的添加，構築起一個經驗的畫面。這個層次屬於催眠的淺度層次，個案可能在意識與潛意識間來回跳動，個案意識的介入會多一些。假若個案能在催眠過程中足夠「專注」且「投入」想像知覺就會進入第二個層次：「意識流狀態」，進入到這一層次，人的意識監控性降低，意識轉入潛意識流，潛意識的自動化現象使得受催眠者在意識上進入能夠汲取意識流中的片段，實際上就是畫面自動跳出與連續感。以剛剛坐在海邊的例子來說，在意識流狀態時，你不再主動想像海的樣子，而就像你正在看著腦海中撥放著海邊的影片一樣，畫面是自動出現在你腦海中的，你無須去想像或創造，因為這時候你已經進入一種意識的流動狀態，你就在其中遨遊，甚至不會去留意到自己是在做催眠。

催眠治療中的安全設置

● 抽離與融合

在回溯催眠時，個案腦海中所見到的自己有兩種可能，一個是看見過去的自己；另一個是自己就是過去的自己。在第一種情況裡，個案是「看著」過去的自己所發生的事，在角色上是與當時的自己分開的，雖然如此，大多數個案仍然會經驗到回溯當下的情緒，但不會達到最強的程度。但第二種就不一樣了，一旦個案在角色上完全回到過去的自己，其所有感受與經驗將會接近與重現當時的經驗，可以想見，如果是回溯到創傷的情境，將會引發個案很大的情緒反應。雖然再經驗是一個必然的過程，也具有治療性的意義，但是如果情緒衝擊的程度個案沒有準備好，也可能造成個案意識上的抗拒，或者因為情緒崩潰而影響治療的進行，這個時候，我們就得視情況引導個案轉換角色。

（T為治療師，CL為個案）

　T：你現在感覺如何？

CL：（不斷哭泣⋯）我好痛苦，好難過⋯

　T：恩，好，現在請你呼吸，吸氣，吐氣⋯，然後慢慢地從這個自己抽離出來，看著這個自己，看著「他／她」⋯現在感覺有何不同？

CL：平靜一點了

● 設距離

使用抽離方法時，要避免個案意識上完全地逃避了該情境，例如有的人會在腦海畫面中完全地離開了事件發生的情境，如果發生個案逃避的情形，可以在抽離後採用設距離的方式，幫助個案在安全的感覺下繼續面對問題。

拉開距離主要是讓個案暫時地與痛苦情境產生一個安全的距離，但是距離的拉開往往也就遠離了當時的自己，這樣容易造成個案對自己的遺棄與忽略，因此，拉開距離的時候，仍然需邀請個案關注那個當時的自己。

CL：我不敢看，它太可怕了…。

　T：現在，請你試著帶著這個自己與這個地方保持些距離，一個足夠讓你覺得安全、平靜些的距離…，告訴我，現在你距離大概多遠呢？

CL：大約 10 公尺，並且我躲在一顆樹後偷偷看著。

　T：好的，你與這個自己躲在樹後面，現在的感覺如何呢？

CL：現在感覺沒這麼害怕了。

● 防護

　　有時個案回溯時會經歷到一些讓其感到害怕的畫面，可能是過去某個人、動物或是物品，這時候除了設距離的技巧之外，也可以為個案創造一個心理防護環境，常用的方法如：引導個案想像一個能保護他的防護網或阻隔的東西。這裡的操作可以是主動給予個案想像，如「想像有一道牆阻隔在你與你所害怕的東西之間」；而更好的是，由個案自己決定在畫面中出現什麼是能夠增加其安全感的。例如：「現在如果有一個能隔絕你與害怕的人的東西，很『直覺地』浮現出來，看看那是什麼？」如果個案沒有任何主動浮現的保護裝置，主動引導個案想像躲在「單面鏡」後面也是一個不錯的做法。這裡需特別注意，治療師的引導語應盡量讓個案以直覺的方式去浮現出畫面，因為有些個案會習慣以「思考」的方式回答其覺得「應該」的答案；以直覺與反射的方式會更直接取自潛意識裡的資源，效果會更好。

●重要他人

　　有時候個案可以藉由其心裡某個能帶給其溫暖、支持與陪伴的人來創造出安全感，一般催眠的做法可能是直接建議個案，想像母親或是某個人出現在身邊，但這種做法容易引起個案理智上的

選擇，也就是個案會在意識上選擇了其認為應該可以提供安全感的人。這時候，更好的做法是引導個案自然地從「感覺」中探尋潛意識裡的那個人，例如：「現在請你感覺一下，如果有個人當他在你旁邊的時候，你會有一種溫暖、有力量、安全的感覺，現在請你很直覺地進入這種感覺裡，然後看看身邊出現的人是誰？」避開意識的選擇，等同於解決了意識上的「應該」與「實際」之間的距離，使得個案自然浮現更具有代表性的重要陪伴者，進而達到真正能帶給個案心理力量的效果。

治療中的轉化　對自我深層的覺察過程

　　首先，轉化不是給予建議或暗示達到個案感覺置換或植入，存在-人本催眠的轉化是個案發現自己及對自己產生新的覺察的過程。個案在治療中要面對的不是過去曾經發生過的事件，因為**事件不等於問題，真正的問題是個案如何地賦予事件及經驗意義**。在回溯中，正在接受治療的個案成為了治療經驗中的「主體」，過去的那個自己是被主體關注的「客體」。一般催眠的焦點往往放在「事件v.s.當時的自己」的關係當中，但存在-人本催眠則關心「現在的自己v.s.當時的自己」的關係。如果把焦點放在事件對人的處理上，代表著我們賦予了事件有既定的破壞性或影響力，但事件只是事件，它多大程度地影響人並無一致性的結果，所以決定論式的因果關係，

將可能暗示個案進入一個更加無力的狀態，因為人終將無法改變那個曾經發生過的事件。所以，雖然事件對人確實產生不等程度的影響，但經驗事件的那個自己，才是最需要被了解的。

在回溯中，主體與客體的遭遇，一種是主客體合一的狀態，個案的感知完全地再經驗著當時的自己，當主客體合一時，個案的感受性將最接近當時處境還原的狀態，例如個案受到暴力對待的經驗，個案的情緒感受將會於治療時出現恐懼或憤怒的情緒。假若我們引導個案將主體抽離出來，那麼過去的自己將有機會單純地與現在的自己做出區隔，主體對客體的存在關係一旦確立，客體也就有機會被個案自己的主體所療癒。客體的梳理需要借助的不是治療師的語言暗示，而是深度覺察與力量的產生，得自個案的主體感受與作為。客體的內在可能是長期有問題的狀態，正因為如此，此問題核心便需要被理解與支援，當主體能產生一種意識專注地感受客體的狀態時，在其內心也就產生了身份上的區隔，此身份區隔性將個案的主體帶至一個相對理性、穩定的位置，客體轉變為「他者」的存在，使得個案能更細緻而客觀地觀看與理解客體的自己，這即是主客體遭遇後的「主客二分狀態」。

治療的過程中，依藉的是個案在主體位置時所給出的意識經驗，個案在這個位置專注地感受著：客體內在的需要、狀態，並觀

察客體外在身體姿態與細部表情變化，同時在想像知覺裡感知客體的「自動化敘說」。所謂客體的自動化敘說指的是，個案以主體感受著客體的同時，其客體於潛意識中浮現出來的心理感受，這些感知經驗繞過意識的思維與解釋，並進入個案自身潛意識自然流動中顯現出他的自身樣貌。主體在經驗到客體顯現的狀態後，其內心自發性的人性面也就能獲得彰顯。例如，個案在看到自己痛苦地蹲縮在牆角時，心裡頭對那個自己產生了憐憫之心。在像這樣的時刻中，個案對自己的同理心如同黑暗中探露出的陽光，照亮黑暗中自己的人不是治療師，而是個案本身。

● 辨別與時間差

雖然我們已經知道，治療的過程是在正在進行式的時態下進行的，但對個案來說，治療的當下發生時，瞬間就成為了過去。例如，在一次的治療前半段個案經歷到痛苦情緒，在治療的後半段，如果個案痛苦的情緒得到些緩解，雖然只是短短數十分鐘的時間，個案亦在心裡產生了一個「時間差」，也就是有了「剛剛」的痛苦與「現在」的平靜的差別。因此，治療師可以藉著時間差的方法，引導個案快速地將痛苦的事在意識上移至「過去式」。需要注意的是，這個方法的使用時機在於個案已經在畫面及感受上有了明顯的轉好時，這時候藉著時間差的使用，強化了個案已經走出過去，來

到現在新的感覺。

　　CL：我現在感覺比較輕鬆了，心裡也覺得安全多了。

　　 T：嗯，很好，好像與「剛剛」比較起來，「現在」有更多平靜
　　　　的感覺。「之前」的那個自己是害怕的，請你感覺一下
　　　　「此刻」的自己，心裡頭的那種安全的感覺。

● 確認

　　個案在催眠治療的過程中，會產生感受上的新經驗，例如對於
原先感到害怕的人事物轉而出現平靜、安全的感覺，這時候治療師
可以使用確認的方法，協助個案進行轉化。確認的使用關鍵在於，
引導個案去感受新出現的「好的感覺」，詢問個案這種感覺在「當
下」的體驗是否有明確及真實感？一旦個案對於當下正在感受的感
覺更確定了，自然就會在內在裡更加堅信自己已經不一樣了。

　　 T：現在，再次看看曾經讓你害怕的人，此刻的感受是什麼？

　　CL：現在比較不害怕了，覺得安心。

　　 T：嗯，感覺一下此刻出現的這種安心的感覺，在你的身體及
　　　　心裡存在著的感覺…。

　　CL：覺得比較放鬆了。

T：嗯，現在你正在經驗到的身體的放鬆與心理上的安心的感
　　覺，感覺此刻正真實地發生與存在嗎？

CL：對的。

● 置入與強化

　　人的感覺無論是好與壞的，都在我們的心理及身體記憶著，成
為日後自動化反應的來源。因此，在催眠治療轉化的階段，很重要
的是協助個案能將那些轉變了的感覺，置入新的記憶當中，使得個
案在催眠後的日常生活當中，產生對好的感覺的自動化反應。置入
與強化技術在使用上分為心理及身體的層面，治療師引導個案進入
到轉化的感覺裡頭，藉由「心理沉浸」的過程使個案的自體與心的
感覺產生穩定而深刻的連結，進而達到治療的效果。

T：現在你的心理及身體的感覺如何？

CL：覺得很輕鬆、舒服，有一種有信心的感覺…。

T：嗯，現在讓自己進入那種舒服、有自信的感覺裡，包括你
　　的內心及身體裡…，感受一下此刻你待在這樣的感覺裡的
　　時候，感覺變得更鮮明，更清楚地感覺到這是一種怎樣的
　　感覺，你的身體與心中同時記住了這種感覺…，現在說說
　　看，這是一種怎樣的感覺呢？

CL：現在覺得身體被舒服的感覺充滿著，心裡有更篤定的感覺，
　　被這種感覺包圍著…。

　T：好的，現在記住這些感覺，我們準備慢慢結束這段催眠了
　　好嗎？

催眠中的意識思考問題

　　思考是生活中習以為常的事，個案如此，治療師亦如是。思考
是人非常具有價值且重要的，且事實上催眠最終還是需要回歸到如
羅洛‧梅所言：「人必須意識到我們把什麼不願意面對的事情放置在
潛意識之中，將它與意識隔絕開來。」畢竟，我們不可能也沒必要
一直停留在過去記憶之中，化解了過去關鍵問題後，讓潛意識「意
識化」，回到意識層面以更自在、自由的意志過生活。

　　然而，為了能夠更純粹地還原問題的本質，催眠過程中需**要暫**
時地關閉意識狀態，因為我們需要避免及複製個案神經質性的意識
解釋與自我回避。這裡涉及到的是意識運作的本質，當我們面對一
件事時，理性層面會將人帶往「應其所是」而非「如其所是」的思
維之中。例如，如果在催眠中運用意識思考，個案可能會「認為」
面前這個小時候的自己不應該哭泣，或「應當」更勇敢些，如此，
個案便會如同其習慣的處理問題方式處理那個哭泣的自己，如告訴

自己「你應該勇敢一點」。這樣的結果，個案憑藉的仍是其自我意識的力量讓自己走向暫時「好起來」的狀態。

「應其所是」是存在-人本心理學當中重要的自我實現基礎，是深具自我價值的自我意識。只是，**在「應其所是」實現之前，那個「如其所是」的自己是否被自己真正的看見與理解才是轉化的關鍵**。這個如其所是需要主體先放下對自己的解釋與批判，進入一種更為直觀的方式去經驗那個客體的自己，以消除個案與那個「如其所是」的自己之間的一道屏障及距離。一旦個案對自己真正地產生認識與接納，這個內心的「融化點」也就發生了，在融化的這一刻，自己能深刻地感受到自己的一切存在的形式與狀態，原先對自己所評判的好與壞、對與錯等已經不再重要，因為這個時刻，個案獲得了自己的允許，與最真實的自己在一起，無論那個自己如何。這是治療中動人且深具療癒的時刻，個案也就是在這個「獲得自己的愛」的過程中得到滋養、產生面對問題的力量。

自我擁護　個案形成對自我客體的深層同理

一般的催眠注重的是治療師給予的建議或暗示，治療師針對個案的需要直接給予感覺轉化的引導及暗示。然而，這種方式過於依賴治療師主觀上對個案的判斷，治療師更有可能憑藉著其個人人

生經驗來給予改變的建議，治療師所認為的正向引導，未必是適切的引導，因為正向並非是一個舉世皆然的東西，所謂的正向亦不過是治療師認為的正向，一旦出發點得自治療師本身的經驗，其給予的「正向」甚至可能暗示了個案的問題成為「症狀」（因為個案實際上並沒有治療師說的那樣地正向）。以「適應社會價值」取向為處理的看法，將會造成個案主體存在價值被扭曲。個案的症狀並非是處理的焦點，症狀其實是個案為了保護其存在感所衍生出來的問題，因此，治療最需要處理的其實是**協助個案看見自己以怎樣的方式，抹滅其存在的自我價值或是回避其生命該負起的責任。**

　　因而，存在-人本催眠治療師放棄了其主導性的地位，而是把焦點從自身出發的給予性轉向對個案意識現象的關注，隨著個案意識流動的方向陪伴前進。這樣處理使得個案作為意識經驗的主體性被確認，保存了個案的生命經驗與存在感具有的獨特性。**治療的目的不在於令個案改變其獨特性去適應外在價值觀，而是透過協助個案產生深層的自我覺察，發現自己是如何壓制其自身的存在價值，如何地回避現實，如何地曲解對事件的認知。**

　　個案處於意識流中，存在著其意識的指向性，指向那個受傷的客體自我，面對這個客體，主體雖一部分等同於客體的心理狀態，但主體與客體的切割也有可能帶出主體內心裡既存的悲憫與同理。

個案轉化的力量不來自治療師或其他人，而是自己，唯有個案自身形成了對其客體深層同理的意識出現，個案才能真正地認識到自己，而這個客體也受到了主體的積極關注及理解。個案在治療中是個案，同時也是自己的治療師，治療的目的之一即是使得個案在生命脆弱之處給予自己陪伴與跨越的力量。治療中強調不跨越或改變個案過去的處境性，因為處境或事件不必然帶來問題，若治療師處理的是面對所謂的創傷事件，反而暗示或加強了個案面對事件的傷害性。因此，治療中個案過去的處境必須予以保留與尊重，不改變曾經發生的事件經驗，而是對於個案賦予該事件的意義做理解與轉化，才能達到真正的改變。簡單地說，**催眠治療不改變發生的事實，而是改變人經驗事件的方式**。

催眠的 ABC 對話技術

由於治療的重心在於如何使面對事件的個案產生深度的自我覺察，瞭解自己在面對事件時的狀態與內在的需求，並且在治療過程中產生內在的轉化。因此，催眠治療中的對話主要是在於個案自己與過去的自己相遇與療癒，透過自己給自己「賦能」的歷程達成問題解決。

前面我們已經說過，個案做回溯時會有兩種不一樣的經驗狀

態，一個是自己「看得見過去的自己」的畫面，另一個是「自己就是當時的自己」。這兩種經驗的不一樣在於，前者呈現的是個案的主體對個案的客體，後者是個案進入到過去的自己，成為唯一的主體，經驗著當時的事情。我們以A來代表正在做催眠的個案，B代表個案過去的自己，C代表事件。以下仔細說明不同的對話的方式：

● A對B型

　　A對B代表著個案面對過去的自己。此型的重點在於使A對B產生更深的認識，既然A與B是分開的，A所認知的B既是自己又像是面對著「他者」，因此，在A的感受上不會比完全只有B時強烈，因為B是直接經驗C的，而A是抽離出來的。在引導上，應該避免讓A對B產生意識上的思考，也就是去想B是怎麼了，因為這樣得到的往往只是理智上的判斷。治療過程主要是引導個案直接去感受B，例如：問個案B看來怎樣（B的表情、身體姿態等）？這部分稱之為「感知」，透過A對B的純粹感知，使得A能客觀地感受著那個自己（B）。感知的主要目的在於使A成為了B的他者，意識上，在既是自己又是他者的狀態下，引發他者的影響力。這當中包括有，A對B的「新看見」以及可能有的憤怒、同情或排斥的種種情緒。此時A成為對B的「再認識者」與「助人者」的角色，對B的深層發現有助於個案更認識自己痛苦的樣貌，進而產生對自己的同理反應，做為A對

B工作的基礎。

治療對話演示：

　T：你看著自己的時候，你看見一個怎樣的自己？ 自己的表
　　　情是怎樣？身體的姿態看起來是？

CL：我看到他難過地哭泣著…縮著身體，抱著自己的頭…。

　T：你看到「他」這樣你有何感覺？（引發同理）（改為他者）

CL：我感到心疼他。

　T：此刻，你想對他說點什麼或做些什麼？請直接對他說或去
　　　做（引發 A 的行動）

CL：我走到他身邊與他坐在一起，抱著他，對他說，有我在你
　　　別難過…。（賦能）

● A對B的變形

　　有時，當個案與B互動的時候，還是會把B看成是自己，這個時
候A與B在意識上是部分重疊的，這樣的狀態A與B可能有部分感受是
交織在一起的，A很可能會受到B的影響，而難以純粹地扮演再認識
者與助人者的角色，這時候我們可以把B從「自己」改為「他者」，
例如，從你看著「自己」改成你看著「他」。一旦個案把B看成是他
者，A的情緒比較不容易受到影響，更能客觀地感知自己及幫助自
己。

治療對話演示：

　T：當你此刻抱著他時，你看到他有甚麼不同？（製造差異與
　　　使能感）

CL：我看到他身體放鬆了些，心情平穩些了。

　T：你看到他這樣，給你什麼感覺？（自我回饋）

CL：我比較放心了

更細膩的作法還可以再問⋯

　T：感覺一下，當他看到你比較放心了，他又有甚麼不同？

CL：他笑了。

　　A與B的對話與互動就在上述的過程中，A與B交錯感受與相互回饋，使得個案的改變的力量來自其自己的「給予」，治療師的角色是一個「評估者」、「催化者」、「協調者」與「訪談者」，治療師不涉入個人的經驗與建議，只是隨著個案所給出的訊息亦步亦趨地瞭解與探問。

● B對A型

　　存在-人本催眠治療的目的在於使得個案的主客體之間產生相互的理解與能量的給予，在AB來回操作的過程中，B是A主要協助的對

象，也就是個案那個有問題的自己，受到自己的協助。在這個過程
裡，治療師可以請個案將其主體轉換至B，透過B與客體A互動達到
更完整的療癒。這麼做的原因是，B做為一個被治療者，當B產生了
改變後，是A看到B的轉變，A站在一個他者的位置來看待時，缺少
了「自己做為一個改變的主體」的感受。因此，在治療接近完成的
階段，讓個案再次地回到B做當時的自己（這時候已經是不一樣的自
己），引導個案對A表述改變後的狀態，將能夠使得個案內在產生更
好的整合。同時，因為A長期處於一個對B的擔憂、無力、蔑視等狀
態，B將變好後的狀態呈現給A時能夠化解及轉換A的經驗。

以下示範 B 對 A 是如何進行的？

　T：現在請你讓自己回到眼前的自己（B），現在你可以感覺
　　　到此刻的你，面對問題（C）已經有不一樣的感覺了，此
　　　刻的感覺如何？

CL：我覺得輕鬆很多，沒這麼害怕了。

　T：請你看看畫面四周圍的樣子有什麼不同的感覺或發現？

CL：我仍然能看到那個曾經讓我害怕的人，但是我現在不恐懼
　　　了。

　T：好的，現在請你回頭看看剛剛與你對話的自己（A），看
　　　看他現在的表情及樣子是如何？你有什麼想對他說的？

CL：我感覺他對我笑了笑，似乎比較放心我些，我告訴他，謝

謝你這些年對我的包容與擔心，我現在沒事了，請你放心。

同樣的，在這個過程中，治療師必須留意使用現在進行式，並且注意勿讓個案是回到那個問題改變前的自己，例如，如果治療師說「請你回到以前的自己」，這樣的引導方式，不但時態上出現問題，也容易讓個案誤解為回到那個有問題的自己裡。

● 賦能的力量

A對B的工作需要讓A產生「使能感」與從B那裡得到「正向回饋」，使得A對B的作為產生更強力的效果，並藉著從B的回饋讓A更肯定B的轉變。

個案做為A主體時，需要具備足夠的能量才能幫助B，臨床實務上，如果A只是以原有的自己的狀態去協助B，往往徒勞無功，甚至可能會更挫折。這個過程就像是去前線打仗，在上戰場前軍隊需要保養武器裝備、構築工事、操練戰鬥技能等，對於治療來說，也就是治療師需要在進行AB治療前，先針對A做「能量提升」，使A更具備協助B的能力，讓A與B接觸時能一舉戰勝。這是很重要的，因為實際上一個無力的A不但無法協助B做改變，甚至帶給個案更多無力

感。示範的引導如下：

> T：現在請你回到一開始那個讓你感到平靜、放鬆的地方⋯，
> 　　再一次地專注感受這份美好⋯你現在感覺如何呢？
> CL：我在一片大草原上躺著，陽光灑在我身上，我覺得很舒服，
> 　　很放鬆。
> T：很好，現在你即將前往一個地方去幫助一個人，他需要你
> 　　的協助，需要你帶給他此刻你所感受到的舒服及正能量。
> 　　現在，請你花一些時間讓自己在這片草原上，更多的專
> 　　注，感受著這片草原及陽光帶給你的力量⋯你與大自然完
> 　　全的融合⋯感受著、接收著這些很好的能量進入到你的
> 　　體內、你的內心⋯，現在感覺怎樣呢？
> CL：我覺得整個人更有力量些了。
> T：當你準備好帶著這個力量去看看那個自己（B）時，請你
> 　　點個頭（確認）讓我知道。
> CL：（過了一會兒⋯個案點頭說：）我準備好了！

「很自然會想知道」的治療原則

　　有些治療新手會對於AB的操作感到不知道如何引導才好，其實只要遵循兩個原則便能夠消除這樣的焦慮。第一，治療過程得謹

記存在-人本催眠的治療精神，也就是記得治療是讓個案顯現他的自身，所以治療師如果感覺到沒有方向時，需要留意是否不小心把焦點拉回自己身上，而想著要給予個案些什麼。如果出現這樣的情形，請你把注意力放回個案身上，用心的觀察個案情緒、身體等反應，以個案已經經驗到的部分做為治療前進方向與基礎，繼續探索前進。第二，存在-人本催眠不希望治療師把技巧僅僅當作技巧，因為技巧的形成是來自人很自然的反應與好奇，所以治療師不是套用技巧或對話形式，而是掌握治療的精神與原則，才不會造成治療僵化及死板，只是套用技巧，往往也是偏離個案脈絡的治療，效果並不好。所謂的自然原則，就是治療師在聽取個案所說的內容及回饋信息的同時，對於個案腦海中的「情境內容」，提出一般性的發問。例如：如果個案說他看到（腦海中）許久不見的朋友，這時候治療師應該避免以「預設立場」去感受個案，認為個案肯定會很開心，因為預設立場是治療師自己的經驗投射，這樣的理解將造成治療上的偏頗。治療師應該放下自己的價值與經驗判斷，以單純、好奇的態度去詢問那些「很自然會想知道的」事情。例如：「你看到許久不見的朋友，此刻你的朋友看起來怎樣？ 你看到他，你此刻的心情又是如何呢？」實際上個案的反應往往有出乎我們意料的地方，個案看到老朋友也許是開心，也可能有許多複雜的情緒出現，可能會難過也可能生氣等等，所以我們需要尊重個案自己的感受，跟著個案、不斷瞭解個案。

團體催眠演示

　　以催眠的種類來說，團體催眠屬於「探索性催眠」或是「體驗性催眠」而非「治療性催眠」。團體催眠指的是對一個人以上的催眠，一般實施團體催眠的時機是催眠治療師帶領小團體、工作坊或是演講的時候。團體催眠與個別催眠最大的不同是，團體因為人數比較多，所以不方便與個案進行對話，在這樣的情況進行對話，容易造成對他人的干擾。因此，團體催眠講求的是對團體成員有一致性的指引，引導的方式也屬於單向式的引導，也就是成員只是接收而不回應。因為這樣的限制，所以團體催眠不適合進行太深入的引導與問題的探掘，這是治療倫理的考量，如果引發挖掘出問題，治療師卻難以掌握或處理，對成員來說是不負責任的。

　　在實施的過程中，催眠帶領者主要是帶引成員們去體驗某些設定好的催眠主題，或是進行深度的催眠放鬆。這些主題像是：自我探索、擁抱內在小孩、記憶中美好的事情、生涯選擇等等。團體催眠在操作上需要注意的是，引導的方向與語言要「正向」，例如：

可以讓團體成員多去感受美好舒服的感覺，而不是帶她們去體驗與深入看痛苦與問題。此外，雖然團體催眠有許多限制，但是仍然可以在實施的過程中讓個別成員有些他們自己的選擇，例如：「…在這個美麗的花園裡，你會看到你想看到的美麗花朵，請妳在腦海中看一看它是什麼樣的花…。」像這樣的引導方式，會比鉅細靡遺地描述特定內容好，太過限縮與特定，未必每個人都能喜歡或接受，甚至可能引發不舒服，像是，如果怕水的人被引導去海裡游泳，恐怕就不是一次舒服的體驗了。

「…我們現在來到一個小島，在海邊你可以看到四周圍的景色，這時候你可以以自己的步伐在這裡四處走走看看…，透過你的呼吸聞聞看你會聞到的味道，透過你的手或身體去感受與接觸你所想要觸碰的東西，聽一聽在這裡你所會聽到的聲音…。」

CHAPTER 3

常見問題與案例操作分析
看見獨特的自己

本章將結合存在-人本心理學及人本催眠治療的理
念，討論臨床心理工作中常見的一些議題，我會分
享一些我在臨床實務工作中碰到的案例，也會談到
該如何思考這些問題及實際的操作方式。為了保護
個案隱私，故事細節及名字皆做了修改或隱藏，但
是主要核心問題則盡可能地符合原貌。

自我接納

自我概念

　　在我早期的臨床工作經驗中，有很多時候是需要主動訪視個案的，像是自殺防治中心、犯罪被害人及家暴性侵害等工作，有些是在諮商室做諮商，也有些如同社工一樣是以家庭訪視為主的工作模式。曾經有一次見了一個遭受家暴的個案，當我在她家的客廳與她談話的時候，看見客廳掛著一個小小圓圓的鏡子在牆壁上，我好奇地詢問這個鏡子有什麼特殊的用途嗎？我心想它或許是被拿來避邪之類的。個案不好意思地說：「這是我自己照鏡子用的」，就當我不好意思再追問時，個案又接著說：「因為我覺得自己很醜，所以不想使用大的鏡子，我不想看到自己」。其實在我看來，這個個案一點都不醜，但是她心裡卻有個醜陋的自我形象，她對自己的看法讓自己不自信，不喜歡自己。

　　羅杰斯提過一個重要的概念叫做「自我概念」，也就是自己對自己的看法，一旦自己對自己的評價與認知是負面的，負向的自我概念將造成我們不願意接納自己，甚至討厭自己。這個個案的自我負向概念不只是影響了她看待自己的外表，這樣的自我概念更是全面地反應在她面對的家暴問題上。事實上家防中心的社工師已經為個案做好各種的資源連結，一旦個案離婚，個案可以獲得社會福利補助來保障後續的生活。但是，幾次談話中，個案呈現出矛盾及猶豫的心態，因為個案覺得自己不是一個值得被愛的人，所以即便飽受先生暴力的對待，卻不敢離開這段關係，因為她相信離開了這段關係，以後也不會過的比較好。

　　人活在自己所建構及相信的世界，就像是對自己做了深度催眠一樣，對於自己會過得怎樣深信不疑。其實未來會怎樣我們並不知道，但是人有時候會以一種宿命的觀點來看待人生，如果相信未來不會好，哪怕未來還沒到來，現在就已經開始絕望、無助了。人的心裡經常會對事情做「可能性」的推測，當我們覺得事情是有可能的，會覺得是有希望的；如果覺得可能性不高，就會不相信可能實現。這種心理認知本來是合理的，但是這個可能性經常蘊含著主觀因素，這個主觀認定未必是有事實根據的，所以可能性也可能只是我們的「幻覺」——一個從自身有限經驗錯誤推估的想像。

自信心

　　自信心是一種常見的問題，人會因為缺乏自信心導致對自己的評價不好，也影響了我們的情緒。將自信心這三個字拆開來看，第一個字是自，代表著我們自己，第二個字是信，意思是相信，心則是指我們的心的狀態。整個意思是自己相信的心理狀態。這句話深層的意思是，你對自己的正面肯定與評價。許多缺乏自信的人所相信的不是來自於自己本身，而是與別人的比較，贏的時候肯定自己，輸的時候嫌棄自己，無論是贏還是輸，這都不是真正的自信。因為自信若是依靠與外界的比較得到的，那麼永遠都會輸。每個人都是獨特的個體，你與自己的各方面能力比較，你最突出的是什麼能力？那是你要在你生命中去把握、去發揮的地方，你最擅長的地方不是要成為人中的龍鳳，而是看見自己值得欣賞的價值。個人的價值應該是獨一無二的，是上天給我們的禮物，使得我們的存在得到安穩的感受。我們的專注點應當放在自我價值的實現上，去實踐我們這一生最能夠發揮的才能。我曾經有一年的時間經常與智能障礙的學生做諮商，我當時想，如果以一般人的標準，這些孩子在很多方面都不如人，先天上能力的不足是否就此毫無希望？當我收到孩子以開心有成就感的笑容，送給我一個他自己親手做的麵包時，我知道一件事，那就是哪怕它不是世界上最好吃的麵包，它也絕對是最值得他自己驕傲的事。

　　此外，自信也會受經驗的影響，當你有過失敗的經驗後，對自己的勝任感也會大大的降低。這是一種對於做不到的心理恐懼感，害怕失敗將會讓我們不敢嘗試、逃避，甚至否定掉自己這個人。人都不喜歡逃避的自己，**失敗是事件的結果，不等於你人生的失敗，可怕的不是失敗，而是對失敗的恐懼**。對於成功或失敗結果的自我評估，需要從自身能力上來看，而不是與他人比較，一旦我們用社會上的價值或他人的好壞來評價自己，那麼將無法獲得真正的自信。

做自己

　　在我們的成長經驗裡，有一件事是很矛盾的，我們從小就被教導要在意別人的看法，但是長大後卻沒有人教我們要如何做自己。有件事情需要做區分，就是在意他人看法與尊重他人感受是不一樣的事。在孩童的時期，我們不自覺地或多或少地經驗到他人對我們的評價，特別是我們的父母親或老師，當我們做好一件事時可能會獲得正面的評價，做的不好時會得到負面的評價。好的評價看似是好的影響，但其實在評價的性質上是一樣的，一樣都是從他人那裡接收到的評價。父母親可能對小孩子說：「你做得很好，你是一個好孩子。」或是：「你怎麼這麼沒用，連這個都不會。」無論是正面的還是負面的評價，都是來自他人對我們的看法，而不是自己。

即便長大成人了，依然會過於在意別人如何地評論我們這個人，因為早就習慣了從他人那來肯定自己或否定自己。隨著年紀增長，我們的內心產生了一種無意識的需求，渴望得到他人的認同，這其實這是建立自信心的來源出了問題，他人的評價往往帶著特定的價值觀，例如，一個聽話的孩子才叫做好孩子，帶著這樣觀念的父母親，是不太允許孩子有太多自己想法的。孩童希望得到父母親肯定或是害怕得不到父母的認同，孩子的內心是恐懼的，特別是過於嚴厲的父母親教養長大的孩子，沒有做到父母要求的樣子時，便會遭受責罵或處罰，甚至是遭到言語上的否定或羞辱。孩子無意識地為了「生存」或「避免焦慮」而不斷地內化與接受了父母親的價值觀，以及一套「由他人給自己」的評價模式，時間久了後，習慣從他人這邊得到的肯定，自己是給不了自己的。

那麼身為父母親面對子女的教育該如何做？或是已經受到影響的我們，該如何認可自己呢？ 首先，對子女教育方面，我們都希望孩子能夠對自己有自信並且能夠為自己負責，我們必須學會放下對孩子的評價，在孩子表現的結果上，邀請孩子來評價他自己。我們要懂得與孩子做這樣的對話，如對孩子提問：「你自己覺得這次考試的結果滿意嗎？你認為你是如何辦到的？」從孩子小的時候就將屬於孩子的「責任」還給孩子，父母親對孩子有扶養教育的責任，但不是替孩子扛起他們自己應該負起的責任。一旦孩子學會自我負

責，並且知道評價是掌握在自己手上的，孩子才能夠學會自我管理與建立自信心。

其次，該如何增進自己的自信心與價值感？我們知道，習慣以他人的評價來認定自己，將無法產生真正的自信心，也沒有辦法真正的做自己，甚至是面對眾多不同他人看法時，可能讓人失去了自己。自我價值感的建立，需要學會對他人評價做思考，他人的評價有時候是值得我們反思的，但不是照單全收，如果我們能夠將他人評價「咀嚼」思考後，再決定是「吐出」或是「吞咽」，便可以將評價模式從他人評價轉變成自我的評價。

此外，我們需**要覺察那些讓我們感到被認同的事，需要清楚你獲得認同的來源是他人還是自己**，來自他人認同的開心與因為被否定的不開心，在本質上其實是同樣一件事。面對他人對我們中肯的建議與評論，如果過於防衛排斥，會喪失了從別人眼中照見自己、成長自己的機會；而面對他人評價照單全收的話，則容易失去自己的主體性，難以建立自己的自我評價與自我激勵體系，會經常人云亦云，或是過於容易受他人看法，影響了自己的情緒穩定性。所以，做自己，是開放地聽取他人建議；是反思地思索真正的自己；是看見自己身上那份獨特的特質。

　　我曾經在大學的諮商中心見過一個個案，他總是覺得自己不如別人，認為自己很差勁，沒有什麼價值。其實，這個學生的功課並不差，他念的學校也是很不錯的大學。但是，在他的眼裡看到的都是別人的好，只要有一件他做不到的事，便會拿來挫折自己，心情上也就愈來愈憂鬱。但他真的很糟嗎？ 當然不是，而是他把焦點都放在別人身上的好以及自己沒有的。事實上，他很優秀，也有許多的優點，但是自己卻看不見，甚至，別人指出他做得很好的地方，他仍不願意相信那就是他自己。人生其實沒有絕對的輸贏，當我們開始認清我是怎樣的人，屬於自己的生命意義才能開始彰顯出來。

案例一演示

【問題思考】

你是誰？是怎樣的人？你從自己身上看見什麼特別的價值？順著你的本質，你會如何去實現與開創屬於你自己的人生？

【演示】

　　A 是上述那位受到家暴的個案，她是一位中等身材，重視穿著打扮的中年女性。以下是一段我與她的催眠治療對話：

A1：我覺得與他（個案的先生）生活在一起太痛苦了。

T1：我知道的是被打罵絕對是一件難受的事情，但我不了解的是妳覺得那是一種怎樣的痛苦呢？

A2：（想了一下說…）我每天都感覺到恐懼害怕，我想過要逃離這裡，但是我不敢，我離開了的話，那孩子還那麼小怎麼辦？他是一定不會讓我把孩子帶走的。

T2：妳掙扎在妳想拯救自己，但是放不下孩子？

A3：（原本打轉的眼淚落下…）

T3：這部分我們一起來深入看看自己怎麼了好嗎？

A4：嗯

T4：請妳讓自己坐舒服一點，然後閉上眼睛。當妳眼睛
　　閉起來時，如同隔絕了外界繁雜的一切，現在，與
　　自己安靜地待在一起，暫時放下妳的思緒與想法，
　　跟著自己的心理與身體的感覺走。回到前一刻妳掉
　　下眼淚的時候，看看這個時候的心情感受是什麼？

A5：難過。（兩行淚再度滑落）

T5：感受著這個難過，也在此刻陪著這樣的自己。經驗
　　體驗一下這個難過，妳感受到什麼？

A6：很無力，不知道怎麼做才好。

T6：現在身體的感覺如何？什麼地方特別有感覺呢？

A7：胸口不舒服，緊緊的。

T7：請妳將手掌輕輕放在妳胸口不舒服的位置，繼續感
　　受著它…此刻妳感受到什麼？

A8：覺得害怕，怕失去孩子。

T8：嗯，現在請妳抽離出來在腦海裡看著自己，看著那個害怕的自己，感受一下眼前的自己，看看這個自己的身體姿勢、表情，感受著她整個人的狀態，妳感受到或是看到什麼？

A9：她縮著身體坐著，頭低低的，看起來心情很不好。

T9：嗯，看到她這樣妳什麼感覺呢？

A10：我很心疼她

T10：看到或感受到哪個部分讓你有這樣的心疼呢？

A11：我感覺她害怕不知所措，像個無助的小女孩。

T11：這樣的心疼，讓你想對她做什麼呢？

A12：我想抱著她。

T12：嗯，那麼請妳現在在腦海的畫面中移動自己去靠近她，去做妳想做的。

A13：我坐在她身邊，抱著她。

T13：嗯，不急著幫她解決問題，只是陪著她的害怕，
　　　繼續感受著她…，感覺一下她的身體以及心情的
　　　變化。

A14：她身體變得比較放鬆柔軟了，心情好像平靜一點
　　　了。

T14：嗯，她這樣的變化給妳什麼感覺呢？

A15：現在比較放心她了。

【案例一解析】

　　上述催眠治療的片段，是在存在－人本催眠治療中常見
的做法，目的是讓個案能先將認知理性的部分放下來，專注
的去感受自己。人在很多時候，會受到紛亂的情緒及想法所
干擾，一團團的糾結讓人看不清楚自己真正需要面對的。所
以，催眠治療的過程中需要帶個案一步步地深入內心去感受
痛苦的樣貌。這裡的關鍵在於，引導個案把覺知放在心情及

身體的感覺上，因為面對問題處境，想法總是很多的，但是想法也總是會變來變去，一下子覺得應該離開，可能隔天又覺得不應該走。會有這些紛亂且不穩定的想法，正是因為內在裡頭存有還沒有處理好的自己，所以想法也就跟著不確定。

許多人面對自己的情緒時，會先覺察到的是自己的「表層情緒」，這個時候，治療師需要帶引個案去看情緒裡的「深層情緒」，例如個案 A 的無力與難過是她自己已經知道的狀態，同時是內在湧現後的狀態與結果，當我帶 A 去感受自己情緒感覺後，A 發現到其實更深一層的情緒是恐懼。

其次，當治療師協助個案去看見自己真正的狀態後，這時候個案潛意識深處的情緒浮現到個案能更明確感知的層面，這時候治療師需要讓個案去面對與靠近那個真實的自己。在上述的治療歷程裡，我嘗試讓個案以她更「直覺」的方式去感受那個自己，透過催眠狀態下的感官知覺去看自

己。有了這樣的覺知後，個案開始能夠將焦點從問題轉至自己的身上，看見自己的狀態與需求，有了這樣的發現，個案才能對自己展開「自我關懷」的行動。

此外，在個案做出「對待」自己的時候，可以引發個案對自己的作為產生「確認」，也就是：

A14：她身體變得比較放鬆柔軟了，心情好像平靜一點
　　　了。

T14：嗯，她這樣的變化給妳什麼感覺呢？

A15：現在比較放心她了。

透過確認，個案從自己身上得到了「正向回饋」的訊息，強化了她所感知的，也安定了自己的內心。

案例二演示

【問題思考】

　　關於自己哪些地方你希望有所成長或改變？別人或社會對你的期望是哪些？

【演示】

　　B 是一位大二的男學生，主述問題是：自信心問題，輕度憂鬱，覺得自己很差勁，書有唸，也有複習，但是考出來就是沒有同學好。

（進入催眠狀態後）

T1：感覺一下，現在就好像來到一個平靜放鬆的地方，很直覺地在你腦海中看看這樣的地方，感受一下你所看到的東西、聽到的聲音、聞到的味道，或是觸摸到的…。現在你看到及感覺到什麼呢？

B1：看到一片草原，很舒服。

T2：嗯，你的感官經驗到什麼讓你感覺到很舒服呢？

B2：我看到草原很廣闊，有微微的風，天氣很好。

T3：現在的心情如何呢？

B3：比較放鬆。

T4：相較於現在的你，剛剛那個自己看起來怎麼樣？

B4：那個我比較緊張。

T5：仔細看看那個自己、感受一下他，還有什麼發現呢？

B5：他看起來很沮喪，不知道怎麼辦。

T6：他這樣給你什麼感覺呢？

B6：覺得他很糟，想幫他。

T7：在幫助他之前，請你感覺一下他的內心，特別是沮喪的心情…從那個沮喪你感覺到他什麼？

B7：他覺得自己很沒有用，什麼都做不好。

T8：繼續感覺下去…，還感覺到什麼？

B8：覺得沒有價值的感覺，這樣活著好像沒有意義。

T9：他找不到自己的價值感。

B9：對，沒有價值感。

T10：看到他這樣，你是什麼感覺呢？

B10：我覺得擔心他，他總是看到自己不好的。

T11：嗯，除了他覺得不好的，你看到他什麼？

B11：看到他其實很努力，很認真。

T12：如果我們現在進到他的記憶中去看，你看到什麼
　　　所以知道他是很努力的？

B12：看到他坐在書桌前唸書，很用功，但是也有點緊
　　　張。

T13：看到這樣的他，你的感覺是？

B13：覺得他給自己很大的壓力。

T14：嗯，這時候你會想跟他說什麼？

B14：想跟他說，你要放輕鬆點，盡力就好了。

T15：你說盡力就好了，是意識到了什麼呢？

B15：他做不到沒關係，但是他有努力了。

T16：所以你想繼續跟他說什麼？

B16：想說，你不需要跟別人比較，你其實很好。

T17：你發現了他什麼好？

B17：他很認真上進，有時候還是表現得很好。

T18：他聽到你說這些，他現在看起來怎麼樣？

B18：好像有好一點，但是…還是有點不開心。

T19：那麼，聽聽他說的，他說什麼？

B19：他說，可是還是有表現不好的時候啊！

T20：現在，請你停在他這句話面前，感受一下他的內
　　　心，他怎麼了？

B20：他還是在比較。

T21：你從哪發現到的？

B21：他説他會在意表現不好。

T22：那麼，你真正想肯定他的是什麼呢？

B22：嗯…他是一個努力的人，這樣就夠了。

T23：請你們兩個一起在草原這裡，感受一下此刻的大
自然，也感受著此刻的自己…。

【案例二解析】

在這個演示裡，首先是引導個案去抓取他「自己覺得」
放鬆的地方，而不是直接告訴他去到怎樣的舒服的地方，這
是催眠中的「案主自決」。那麼，為何要經驗一個放鬆的地
方呢？主要是為後面的自我對話做基礎。在個案做 AB 對話
時，是催眠治療中最重要的時刻，如果 A 與 B 的狀態是完
全一樣的話，個案容易陷入負面的情緒當中，難以產生好的
治療效果。所以，在一開始，讓個案在舒服的狀態下，回看
剛剛的自己（T4），這個時候在個案內心中已經不自覺地

形成了「時間差」，也就是「現在的我」與「剛剛的我」，個案現在的我比剛剛的我狀態會好一些，因而個案可以更有能力地去面對自己。

其次，一層一層地引導個案去看那個自己，是希望個案可以去覺察到他自己的「核心問題」，也就是自我價值感的問題。這個層面，有些個案自己本來就能意識到，但是有些則是需要治療師帶他看見。在看到自我價值感的議題浮現出來後，我開始讓個案與自己深入「接觸」，並且引導個案從比較客觀的角度去看自己（T11），這麼做是為了讓個案從「侷限性的專注」轉到「擴散性的認識」，藉此，個案能有機會發現及意識到自己看待自己的問題。在這個階段中，個案看見自己的「努力」（B11），我在這時候做了一個小小的回溯（T12），帶個案去經驗「已發生的事實」，這樣的做法是藉由個案對自己肯定的經驗去強化治療當下對自己的看見。

　　B13~B17 之間，個案試圖「安撫」他自己，但是 B18 透露出個案並沒有真正地安撫了自己。在臨床實務中，這是很常見的情況，但未必能夠被發現。許多個案會很快地想安撫自己，讓自己變好，這可能會發生個案在治療當下引發「理性上的自我撫慰」，當個案沒有真正體認到問題核心時（B17 個案所言其實看得出來他仍在意的），這樣的撫慰效果便不大，因此，這時候需要帶個案去核對自我對話的效用（T18），讓還沒有解決的問題忠實而清楚地呈現出來。這邊要留意的是，有些治療師會直接說出：你仍然在比較。治療師的判斷可能沒錯，但是治療師的看見不等於個案的看見，比較適當的方式還是引發個案去意識到自己怎麼了，在個案對自己有了發現（B20）之後，讓個案以他的方式來肯定自己（T22）。

相信的力量

專注的影響力

　　我們的注意力一直都是選擇性的，人在經歷一件事的時候，雖然面對的一種整體的知覺，如同電影拍片現場一樣，有主角、有配角、其他人，還有各種場景。在經驗的當下，人的感官是開放的，但是注意力卻集中在某些我們所關注的點上。

　　我曾經有一回受邀到北京去授課，在一次團體的催眠治療時，有位學員說到催眠過程中的體驗。他說：「我看見小時候上學時，有一次在臺上向全班同學講話，當時相當緊張，對自己沒有信心。而此時，我看見坐在教室後面的老師，因為知道我很緊張，所以用一種支持及鼓勵的眼神看著我，我在畫面中感受到這位老師帶給我的力量，也就自然地沒這麼緊張了。」學員反饋道：「我一直都很缺乏自信心，但是剛剛的體驗讓我覺得注入了一種很棒的經驗，這是從來沒有過的。」

　　從上述的例子來看，他的能量專注在自己的恐懼中，他所感受到的是他內心與環境的對應，當他緊張時，他便更會在意別人怎麼看他，然後更緊張。但是奇妙的是，人的潛意識中有我們意想不到的原初經驗，當你再次回到當時的記憶中時，所有你在當時感知到的細節將會被喚醒，這是內在覺知的開啟，覺知看見那些被自己情緒蒙蔽了的經驗，一旦這些經驗被自己找到，生命中新的經驗也就得以展開。

　　人以為不存在或不知道存在的，並非真的就不存在。生命的河流中，這些對應的美好經驗，其實一直都伴隨著我們，只是我們不相信。你必須學習著相信在生命中總是有許多好的事情圍繞著我們，去覺察你看不見的、不存在的、無法預測的，人必須謙卑地知道我們的知覺與記憶是有限制的。

**　　如果你害怕，請相信你曾經勇敢過**

**　　如果你悲傷，請相信你曾經放下過**

**　　如果你憤怒，請相信你曾經原諒過**

**　　如果你不安，請相信你曾經平靜過**

**　　如果你無助，請相信你曾經堅強過**

**　　如果你寂寞，請相信你曾經陪伴過**

　　這些曾經的信念是需要等待與追尋的，你不會馬上可以見到它們，你必須學習有耐心，並且相信你的所有曾經，都將會在重要的時刻出現來幫助你。你唯一需要做的是繼續過每一天，等待它的出現。它的出現時機在於你已經充分經歷了你生命的功課。所以，你需要在最絕望的時候提醒自己，之所以我還感到痛苦，是因為還有未了的任務進行著，最痛苦的時刻，正是最偉大的時刻。

　　一旦認真地體驗生命，你的意識會慢慢放鬆下來，潛意識隨即打開，這時候你的生命將開始出現轉折，所有之前在苦痛中的浸泡都將化成力量，推使自己將內在的心門整個開啟，流入這創痛水池裡的正是你所有的曾經，曾經的美好、曾經的擁有、曾經的愛。一件好的東西要來到你的生命中，並不是隨時都是好的時機，因為我們還沒有學習到把握，就像是一個很好的人出現，若我們還沒有學會如何愛人與珍惜，一切都將白費。所以，好的事物會在你為自己做好一切的準備後出現，你需要關注的只是我如何讓自己更好。停止追尋那些你還沒準備好擁有的，專注地創造你生命的每一天，先學會如何愛自己，在痛苦時相信此刻有重大的生命意義出現，相信人不斷地活在過程之中，所有的好與壞都是暫時的。

走出憂鬱——選擇論

如果我們用時間線來看心理問題，將時間分為過去、現在與未來，焦慮的問題在時間線上屬於對於未來擔憂的問題，而憂鬱則屬是過去到現在難以接受的問題。當我們面對哀傷失落的事件時，心理上如果難以接受事實，就容易產生憂鬱的情緒。心理學有一個專有名詞叫做「習得無助感」，說的是當人處於一種無奈絕望的心境太久的時候，心理上就會變得很無力，對未來感覺沒有希望，心情上也就產生了無力感及憂鬱的感受。通常憂鬱的時候，我們的想法也會偏向負面的思考，悲觀的想法會比平常多，行為上也會跟著沒有活力，懶懶的什麼都不想做，整個人就像是泄了氣的皮球一樣沒元氣且消沉的，如果情況嚴重，甚至可能產生自我傷害及自殺的風險。

當我們失去心愛的人事物時，像是重要的人離開，或是一段關係的結束，類似這樣的經驗都會讓我們很難受，不想接受這事實，卻又無法改變，總是希望一切最好只是一場夢，覺得一切都好不真實。面對事實一開始不想接受，心裡會憤怒、會恐懼，一旦時間久了不得不接受事實的時候，便會開始產生無奈憂鬱的心情。人面對人生的遭遇時，有一種慣性，就是會企圖「想掌控結果」，一旦覺得失控了就會害怕，會難接受。

　　面對生命中無奈的事情，需要更專注在當下擁有的東西上。生命雖然是一個連續的過程與發展，但是事情的發生只是在每一個當下的瞬間。雖然對過去的事情做整理及反思是有意義的，但如果僅活在過去，那麼就會在心理上反覆地複製了那些痛苦。但實際上看似反覆經驗著，其實並沒有，因為每一個當下的瞬間都是全新的。關於未來，我們可以期盼，但是可以專注在當下的創造性，**當下的創造決定了未來，而不是我們對未來的期盼決定了未來。**

　　心理學上有一種理論叫做「選擇理論」，它告訴我們人很多事情是自己選擇的，它認為憂鬱其實某個角度來說也是自己選擇的。這聽起來有些奇怪，憂鬱並不好啊，怎麼會是我選擇了憂鬱呢？其實它的意思是，我們總覺得憂鬱是會為我們帶來不好的影響的，但其實憂鬱可能也為你帶來了好處。人面對現實如果產生了逃避的心態，不想面對某些問題或負起責任，憂鬱變成了一個逃避的藉口。此外，人也可能無意識或有意識地，藉著憂鬱來得到身邊的人對自己的關愛，透過憂鬱表達了對關係的需求或生命中沉重的抗議。我們必須去檢視，憂鬱讓我們回避了什麼該面對的問題？我們必須對當下的不好的狀態有所覺察，為每天的生活負起責任，為此生的生命投注更多力量。

受苦的勇者　看見有情的意義

　　我曾經輔導過一個個案，他是一個初中年紀的男孩子，從小罹患了某種罕見疾病，在他小時候曾經為了治療，做了一次大手術，而這個手術是有危及生命風險的。手術是順利的，但是個案當時身體仍然承受了很大的疼痛，個案在手術之後一直有個讓人擔心的想法—毀滅地球。雖然他的家人不認為這件事是可能的，但是覺得孩子這樣想是有心理問題的，所以找我求助。後來，我在第一次與個案的會談中瞭解到，原來個案是受小時候手術的影響，一直希望能夠終結人類的痛苦。他告訴我：「人活著是很痛苦的，所以我要終結這種痛苦。」個案說他在進手術室前，就知道自己可能會死，後來雖然手術成功，但是身體仍承受著難以忍受的病痛，所以他覺得人活在世界上太痛苦了，必須解決這個問題，解決的方式就是毀掉地球，讓人可以不用再經驗到痛苦。

　　我聽完後，為個案感到心疼，心疼他小小年紀就經歷到如此難以承受的死亡恐懼，也理解到他想毀滅一切，其實也是想消解自己所遭受的痛苦。後來，在幾次的治療裡個案因為如此的生命撞擊，反而引發他去思考更多關於生命的議題，但是他的幽暗世界沒有人懂，像是陷入一種活著的孤獨感。

　　從個案對生命的感嘆，再回頭思考個案毀滅地球的想法，乃在於個案無法解決人生在世存有的苦，因此毀滅成為苦難終結的手段。看似殘酷的毀滅，背後隱藏著對人受苦經驗的深刻體驗，面對苦或死的無法妥協所產生的一種不得不的拯救。與他的每次治療，彷彿都是一場又一場的生命哲學對話，我們一同思考生命，一同找尋出路，在治療的後期我們一起思考了面對生死議題，如何可能產生積極的意義與價值？除了毀滅，有沒有可能還有破解或終結人生苦難的形式？個案在結束治療階段表達了他的體悟，他認為，透過治療他看見活在當下是面對生命有限與無常的方法，人活著的意義重要的是，活著時的關係與情感—個案稱之為「有情」。個案深刻地領會到，母親在過程中所承受的痛苦並不比自己少，這份愛是他活下去的堅信力量，是化解痛苦的可能。這些寶貴的體驗是個案在苦難生命中的珍貴學習，也是我從個案身上學到的生命智慧，我們活在世上，都有可能經驗到各種苦難，**我們需要面對生命的勇氣，並且相信苦難將使我們對生命意義產生深刻的領會。**

案例三演示

【問題思考】

　　請回想你曾經或是現在覺得憂鬱的經驗，想想看這個憂鬱主要關聯到什麼事情？ 想想你因為憂鬱獲得了些什麼？ 憂鬱讓你可以不用面對什麼問題？

【演示】

C 是一位即將退休的女性，是一名企業的主管，因為患有糖尿病，且難以接受需要嚴格控制血糖的生活，因而產生憂鬱的情緒，有自殺意念。以下是某一次與她的治療：

（進入催眠狀態後⋯）

T1：妳現在看到一個怎樣的自己呢？

C1：一個沒有用的自己，病懨懨的⋯

T2：在她身上妳感受到她什麼狀態或需求？

C2：她不想要生病，她想自由自在的⋯

T3：在妳的記憶裡，妳看過她怎樣的表現，所以妳知道
　　她不想生病？

C3：她不想打針吃藥，不想出門，因為出門還要準備糖

尿病可以吃的東西，很麻煩，然後她看起來心情很
沮喪。

T4：嗯，她這樣讓妳覺得如何？

C4：覺得她很糾結矛盾，她不想過這樣麻煩的生活但是
好像又沒辦法，所以就逃避。

T5：感受一下那種逃避的感覺…，想維護什麼呢？

C5：想當正常人，不想當病人。

T6：嗯，妳對正常人的印象是怎樣呢？

C6：能正常生活、吃飯、運動、睡覺…

T7：如果她可以這樣生活，她會覺得自己怎麼樣？

C7：覺得自己是有用的，不需要別人的幫助。

T8：被別人幫助的感覺是？

C8：很沒用，覺得自己是個沒有能力的人，很糟。

T9：她想要自己是有能力的感覺…？

C9：嗯，對。

T10：現在請你感覺一下，自從她生病後，妳對她的感覺以及妳是以怎樣的方式面對她的？

C10：我…不想面對她，不想幫她。

T11：嗯，所以在這之前，妳不希望她覺得自己是沒有能力的？

C11：嗯，好像是這樣。

T12：嗯，現在…如果只是傳遞一份對她的理解，而不是要急著改變她什麼，妳想跟她說什麼呢？

C12：我知道妳很害怕，妳怕自己變得一無是處…但是妳不會的，妳是有能力的…。

T13：妳發現了什麼所以這麼說？

C13：她把自己嚇壞了，其實她還是有很多事情是可以做的。

T14：嗯，好像現在開始對自己有更多了解，也跟之前

的感覺有些不一樣，是嗎？

C14：嗯，不一樣，現在覺得有力量一點。

T15：有力量怎樣呢？

C15：好像是有力量面對生病。

【案例三解析】

人不需要也不可能改變「事件」，而是需要改變面對事件的「自己」。以此案例來看，生病是事件；是生命中難以預料的「無常」，生病不必然會造成憂鬱與絕望，而是人對它所賦予的意義。

T1 與 T2 是讓個案能夠先感知自己，許多時候人「身為自己」但是很少專注地「感知自己」。個案在 C2 時説她不想要生病，這句話在一般人聽起來是很正常的，因為誰都不想要生病。但如果治療師覺得我懂了、我理解了，那麼治療

師已經拿自己的經驗去理解個案所說的了，如果那樣，治療師便不會再更深入了解個案。因此，我們必須要進入個案內心世界裡，繼續讓個案呈現其自身的樣貌。

　　在後來的對話中不難看出，個案是逃避面對生病的事實的，在這個地方如果過快地引導個案對自己說話，個案確實會講出「治療師想聽見的」話，例如：妳要接受、要面對、妳會沒事的…這一類的話。像這樣的「勸說」如果在個案還未深入了解自己時，往往流於意識層面，只是說出那些個案理性上覺得「應該」講的話。所以，當個案看見自己逃避的時候，我們可以繼續陪個案去尋找逃避背後的心理動力（T5）。問題的背後都會有一個「支持」他們的理由與原因，往這個方向去探究，會看見人活著的需求。從 C7 開始，我們可以看到個案的需求及想維護「我是好的」、「我是有能力的」感覺，因此我們也就能理解，個案會因為不喜歡這樣的自己而逃避，或是說個案會因為難以接受無能的自己而想放棄自己，個案表面上逃避像吃藥打針這類的麻煩事，實際上真正的逃避是自己。

　　T11 我使用了一個「時間差」的做法，也就是讓個案在治療的當下，產生對於「過去」是如何對待自己，以及「現在」又該如何的時間感，進一步帶個案進入治療的轉化階段一從過去對待自己的方式走出來。

　　治療的最後，是個案對自己發現與轉變的階段，當個案逐漸意識到問題時，這時候需要讓個案的「兩個我」之間產生「愛與理解」（T12），因為真正的愛自己不是讓自己享樂或離苦，而是讓自己無論在人生中經歷到什麼，都能去領會自己的人生體驗，這是愛自己的力量，有了這樣的力量，生命的苦難雖然不一定能消除化解，但可以有信心與力量走下去。

直面生命無常

解構你擁有的

當你愈是渴望擁有，心就執著了。執著總是失去了彈性，變得難以適應。**我們需要從解構渴望開始，回到最單純的需要，面對所擁有的，同時面對離捨的必要**。我們永遠不知道目前擁有的東西可以維持多久，關鍵在於你面對擁有的態度。你可以**擁有學歷**，但是假如你認為學歷代表一切就有問題了。你可能會有社會地位，但是如果你不能沒有高社會地位的話，說明自己又太執著了。就像是人擁有某些職業或地位的光環、希望被尊敬、被肯定等等，當你愈是享受其中，其實也是身陷其中。

無法否認地，人在生活中都是有所追求的，有追求便有期待，得到了就害怕失去。既然知道失去是痛苦的，當初為何還要擁有？如果一切都可能消失不存在，為何沒有停止我們的追求？

　　擁有是一種「在一起」，人與人、物與人都是一種關係。人與人的關係是一種既獨立又相互依存的狀態。我既是我自己，我也需要與他人建立連結關係，這樣的現實是人活存於世的普遍樣貌。如果說失去的「結果」令人痛苦，那麼使得人不願意失去的那個「好」就是只是「過程」了。因為在關係裡，讓我們感到快樂、滿足的是在一起的時光、是某人或某物為我們帶來的喜悅與豐盛。人想得到的與害怕失去的其實就是這些珍愛的過程，沒有過程的美好，怎會在失去後難過失落呢？因此，我們唯一能確認的擁有是當下的，也就是回到擁有物與自己在一起的狀態。當擁有物與自己分開，便是回到擁有之前─無法對擁有物有所期盼。

　　沒有任何事是我們可以完全掌握的，短時間還可以有信心，像是你的手可以拿起杯子喝水這樣的事一樣的有把握，但你無法保證總是如此。當人需要別人照顧餵水喝時，杯子還是杯子，你還是你，只是你與杯子的關係型態改變了。澳洲知名作家的力克‧胡哲，他生下來便沒有手腳，但是並不氣餒，因為他知道自己的限制，他接受了自己與事物的存在關係是斷裂的，因而重新找尋與事物的連結形式。筷子對他是沒有意義的、腳踏車也是，但是衝浪板對他是有意義的，只是他與衝浪板的相互關係不在於雙腳，而是沒有雙腳的屁股，在此，生命將重新定義其價值。佛洛姆在其《佔有還是存在》裡說，人有佔有及存在兩種生存方式，「重佔有的人」依賴於

他擁有的東西，而「重存在的人」則相信他的存在這一事實，相信自己是活生生的人，相信人可以創造新的事物。可見，重視自己存在的人，更不會讓擁有成為一種內心的束縛，能以更開放的心態去面對得與失。

面對抉擇同時也承擔放棄

人生總是面臨著各種不同的選擇，選擇學習什麼專業、戀愛的對象、居住的國家或城市、買怎樣的房子等各式各樣的選擇。人面臨選擇有時會感到徬徨、害怕，深怕一旦做錯了決定會後悔終生。但是人終究無法回避做出選擇，因為逃避選擇也是種選擇。人做選擇時常會推敲利弊得失，得失的心在細細盤算估量下，顯得多麼糾結，愈是覺得很重要的事，便會糾結的更劇烈，更難以做決定。但是人活著總要面對取捨，如果你同時面對兩個東西都是想要的，卻只能選擇一個，在魚與熊掌無法兼得的衝突下，自然會感覺到難以取捨。這時候，心理上必須接受放棄擁有任何一個，能夠放棄你可能擁有的，才能自在做選擇，財富或物質上是如此、名利地位是如此、人與人的關係也是如此。

面對抉擇，我們都想選擇一個比較好的，但是條件是必須承擔選擇後的捨棄。一旦你做出選擇，勢必有些東西將隨著決定而遠

去。經濟學有一個專有名詞叫做「機會（替代）成本」，意思是當我們做出某種選擇而不得不放棄其他選擇而可能付出的最大代價，如果以物品來說，就是放棄可能的利益。

生活中的物品價值還能估算出這樣的代價與利益，但物品以外的機會成本就不好估算了。面對人生，當你選擇了A這條路時，我們也就放棄了選擇走B這條路可能會擁有的。但人無法知道未來會如何，那些因為選擇而失去的「擁有」，其實是「眼前的有」，因為未來不可知，所以我們不會知道往B路走下去結果會是怎樣。但是人有一種思考的慣性，總是會做「想像的推估」；總是會有種預期的心理，想像著未來可能的樣子會如何如何，因為這樣的預期想像使得人做決定的時候是拿「未來」做決定，但未來卻還沒發生，所以就會患得患失，因為無論再怎麼考慮都無法確定以後會怎樣。

我們必須接受抉擇後的得失，不再留戀，不讓心裡頭產生拉扯。如同人與人的感情關係，如果我們決定與A在一起，心裡卻放不下B的好，這樣的感情勢必會出現問題。我們必須學著放下所要的，試著問自己「我能夠不要什麼？」而不是要什麼？當所有的欲望與追求都被自己放下，這時候只剩下最純然的自己，這個自己不是沒有想要的，而是沒有一定要擁有，在「沒有一定要如何」的心態下思考，心才能夠自在，才不會患得患失。自在是一種「無欲則剛」

的狀態，因為沒有絕對的渴念，才有不害怕失去的勇氣，這純然自在的自己，才能帶著你去享受所擁有的，同時自在地接受沒有的。

　　路不走不知道，既然未來不可知，所以現在才是最讓人篤定與心安的。你唯一能看清楚的就是現在而已，眼前擁有的或缺乏的都是最能夠把握的，所以當你要做決定時，問問自己，眼前此刻你看到了什麼？無論是物質或精神感情，未來都可能會改變，此刻的你選擇了眼前你所愛的，把未來交給一個最具有希望的大師——創造。以後的路上會看見怎樣的光景，那得看你為你的未來做了怎樣的努力？是努力照亮它或是吹熄了可能燦爛的花火？千萬別活在想像的後悔與擔憂之中，**人生的十字路口，無論你走向哪裡，好好地把它走好就是了。**

面對失落　展開新的經驗塑造

　　有擁有當然也就有失去的時候，失落的初期，最讓人痛苦的是接觸到與失落相關的人事物，因為人的情境記憶會隨著與相關事物的接觸，而引發記憶的喚醒。當這些瑣碎的記憶被喚醒後，意識層面立刻會感覺到一種落差，亦即眼前所見的與實際的不同，這種差異感讓人以最快的速度無力起來。當失落記憶被喚醒時，人的意識專注且反覆地經驗著曾經的記憶，這些腦海中回憶起的畫面愈多愈

鮮明，痛苦就會愈深。

　　總有些個案會問，能不能透過催眠把他們那些痛苦的記憶消除掉呢？人如何接受這「曾經的美好」已經不存在？其實，人面對失落的時候，並不需要忘記痛苦，痛苦的裡頭是愛，我們之所以如此痛苦，是因為我們對該人事物足夠在乎，也是因為那些美好確實在我們的生命裡存在著。**所以記憶不需要忘記，而是藉著自己一個人或與其他人，在原來的情境下重新展開一種新的經驗塑造。**我曾經有個個案，因為她心愛的小狗死了而難過不已，當她走在曾經遛狗的地方，就彷彿能見到狗狗的身影一樣，令她唏噓難過。直到有一天，她坐在公園椅子上，專注地體驗著那個「沒有狗狗」的當下，這是「刻意覺醒」的經驗，個人帶著有意識的過程，細細體會那種一個人在當下的平靜感，原先被否認的孤獨事實，逐漸被自己確認出一個人存在的時空裡。一旦確認產生，新的經驗將形成新的記憶，而產生置換或取代的作用。

面對痛苦　對未來抱著信心

　　讓人最痛苦的往往不是你正在面對的事，因為一樣的事，每個人的反應與心態不同，感受上就會有很大的差異。最讓人痛苦的其實是，你覺得這是漫漫長日，度日如年或必須忍受的一成不變。我

在精神醫院工作的時候深刻地發現到，病人最怕的不是有疾病，而是疾病對他帶來的長期影響，例如必須忍受偶爾的發病與狂亂，或是必須長期服用精神藥物，這樣的害怕並非只是精神科的疾病，還包括了其它嚴重的生理疾病，像是因為罹患癌症所必須面對的治療與痛苦。

　　面對痛苦，信心與態度是很重要的，你此刻正在經驗著怎樣的苦痛都不是最重要的，而是你必須對你的未來抱持著信心，如果你認定生活會一直困苦下去，你將對現在所做的失去動力。恐懼的事往往還沒有發生，卻已經在心理上把自己嚇壞了，這些害怕、痛苦、挫折等，是我們對於未來的恐怖想像，你並不需要太去相信你想像的未來，因為，會不會發生我們還不知道，如果真的發生了，你必須知道你的恐懼及心態才是影響你未來的最大原因。

　　有時候人生就如股市一樣，長期來看，有些人一出生（上市）就趨勢向上（牛市）；有些人則是趨勢向下（熊市）。中期來說呢，每個人都在人生中會遭遇到許多的震盪，就像是股價會隨著經濟大環境、人為影響或是負面消息的衝擊一樣，經歷好一陣子的「跌停板」。但是有做過股票的人都知道，股票不會一直跌停，所以有所謂的「谷底」。當股價低於市場價值，就會有機會從谷底翻揚。人生也是如此，人總是難免會遇到低潮期，在那時總會以為人

生會一直是跌停板，甚至會想「認賠殺出」（結束生命）脫離這場人生遊戲。但是，我們如果願意耐心等待，相信自己的價值，那麼未來還是值得期待的。面對低潮時，正如股票面臨谷底時的「盤整期」，這時候是儲蓄量能的階段，體質不佳的公司需要做內部的盤整與財務上的調整、產業或市場上的改進。人生也是這樣，面對低潮期，我們無需過於悲觀，反而應該把它看成一個很好的機會，可以讓自己更認識自己的問題是什麼。看清問題後，必須能有改變的力量，這是自己內在醞釀產生的，必須不斷做自我心理建設，並決心改變現狀，最重要的是相信人生沒有永遠的谷底。

> **當你的人生經驗完任何一件事之後你可以對自己說：**
> **我已經擁有過這個經驗，它已經成為了我的過去**
> **我的生命經驗過這件事，不管它是痛苦還是美好**
> **我不期待它會重來，但也不抗拒再次遇見的可能**
> **未來我的決定將與它無關，我不需要執著於它曾經的存在**
> **我全然地放下它**

生命與無常的遭逢

我曾經服務一個個案，這個媽媽有三個孩子，三個孩子都罹患同一種罕見疾病，這種疾病最終都無法活超過六歲，我見到這個媽

媽的時候，她三個孩子只剩下一個，僅剩的女兒帶著呼吸器並終日臥床。案家家境並不好，先生在外工作，而媽媽只能在家照顧女兒。她告訴我：「第一個孩子走了後，我想著還有兩個，所以我要堅強。當第二個走了後，我想還有一個，我還得堅持下去。但是，如果有一天最後一個也走了，我都不知道怎麼活下去了。」這是一種怎樣的生命體驗啊？我們都期待著自己的孩子有美好的未來，希望孩子能有成就、能成家立業等，但是這個媽媽似乎不知道能期盼什麼，只能一天天地守候無助而孱弱的生命，心裡隨時準備著幼小生命的離開，讓人不勝唏噓。先天遺傳疾病不是我們能決定左右的，對於這個母親來說，生命的意義又是什麼呢？我其實不知道，因為意義不是一個既存等待著發現的東西，而是生命遭逢的事件向著人們尋問著：「親愛的受苦者，你打算賦予我怎樣的意義呢？」人活著是一件如此簡單又困難的事，簡單到呼吸及飲食就能維持生命，卻又無法抵抗它不知何時隕落的事實。幾次與這位媽媽的談話後，我體會到一些事，我們常說，人活著就是有個盼頭，但期盼卻是一件必須跟著生命遭遇做調整的東西。人如果堅持懷抱著普世的期盼，那麼就變成了與生命無常過不去的心理扭曲狀態。讓我們痛苦的正是那些我們「以為的以為」，認為生命本該如何又如何，但其實不一定會依照我們所想像般地發生。在最後一次的會談裡，個案含著淚卻微笑地告訴我：「這也許就是生命吧！」在開車回家的路上，這句話反覆在我腦海中迴盪著。我想，是的，這就是生命，

**生命不會總是帶給我們一帆風順，卻一定會在狂風暴雨時教會我們
一些關於生命意義的真諦。**

　　每個人的生命都像一本劇本，劇本的內容情節安排一部分是自
己，一部分是生命機運的安排。生命的劇本就像是一部電影一樣，
不一定都是快樂圓滿的過程或結局，重要的是主角－你，怎樣在各
種不同遭遇的劇情中把角色演好。如果劇情安排是要你面臨痛苦
的事件，那麼你的精神將學習到最重要的事，就是在痛苦中淬煉自
己。你可能會經歷到各種苦澀哀戚，此時你必須將意識集中在你對
心理的提升與自我關注，然後學習相信自己：

**我接受我現在的苦痛，那是我現在的一部分
我的苦痛將會為我帶來生命的轉化
轉化後的未來，是值得我去期待的
苦與快樂都不會是恒久不變的
我接受我失去的
面對失落，在每一天去創造我要的
苦痛教會我如何快樂**

生與死　將一切歸零，每天重新活著

長久以來，我的手機裡都有一個倒數日的APP，設定著一個重要的日子—死亡。雖然我不知道我哪一天會死，但我假設了80歲是我生命的終點，每天打開它都會提醒我距離生命結束還有幾天，每天醒來我都在意識上將自己的經驗歸零，告訴自己今天又是新的一天，歸零後的我又多活了一天。這並不會讓我因為意識到遲早有一天會死而感到恐懼，反而是提醒我生命的珍貴；提醒我生與死本來就是與我有關的事情，因為面對了無法改變生命的這個事實，所以更能感受到活著的喜悅。昨天的我已經過去了，未來的生命雖然無常，但至少今天我能活著的機率是大的，所以想著如何過好這一天，讓它更有意義。

從現在的每一天開始，將你曾經擁有的畫下句點：

將你的快樂歸零

將你的痛苦歸零

將你的享受歸零

將你的害怕歸零

然後將它們轉變為你相信能夠創造的事：

我願意為我今天創造快樂

我願意為我今天創造滿足

　　我願意為我今天創造平靜
　　我願意勇敢地過完今天

遭遇是最好的人生導師

　　有時候人會有一種僥倖的心理，覺得不好的事不會如此倒楣降臨在自己身上，所以沒有做好應該有的準備與預防。不幸的是，人生的災難有時候是很難避免的，再怎麼小心，意外仍可能在不預警的情況下闖入我們的生命。有一次我參加了一場研討會，會中天主教樞機單國璽分享了他罹患癌症的心路歷程，他說：「當我被診斷得了癌症時，我思考著一個問題，很多人都在這時候會想為何是我？ 但是我想想，為何不是我呢？」我想單樞機點出了一個重要的問題，就是「可能性」，人活著依靠的不是活在一種自以為的幻想裡，而是各種可能性發生的結果，每個人都在盡他的方式去把控自己的生活，但仍然有太多事情不是我們能夠選擇或控制的，例如，自己或身邊的人生命健康受到威脅、金錢或財產上的損失、失去職位或工作收入、一段關係被迫結束、突然遭遇的自然災害、戰亂的發生及其它一些與預期結果產生較大落差的事情等。這些都是指比較嚴重影響生活的事情，至於那些生活中瑣碎的小事就更多了。「失控」之所以可怕，是因為我們在意識上看成「不可能發生」或「與我無關」，沒有做好該做的準備，以為事情都能順心如意，當

我們發生預期以外的事情時就會很難接受。最壞的心理準備，不是要我們以一個悲觀的心態去過日子，而是接受生命的各種可能性，試著接受失控的來臨是如飲水或呼吸一般自然的事情，害怕失控是人企圖做的最大的控制，如果我們已經盡了我們所能夠留意與維持的，必須對自己生命的遭遇說「YES」，告訴自己：**我的遭遇只是發生了一件可能發生的事，無論我遭受到怎樣的痛苦折磨，我都必須接受、擁抱這個事實**。如果我們接受了這樣的可能性，才能真正的消除內心的焦慮，勇敢地面對各種可能性，知道並接受人活在世上，與萬物是相關聯的，因為相互影響的事實存在，讓我們更清楚知道該如何自在地活著。

　　所有的遭遇都是好的遭遇。無論是讓你開心或難過的遭遇，都是令你難忘的回憶，而且，你所受到的遭遇強度愈大，事情就愈是讓你難忘。我們總是希望一切順心平安，但世界的運作並非如此，我們都活在生活世界的運轉裡，如同隨風而飛的蒲公英，在各種不同的際遇中，即便你想靜止不動，世界還是會為你帶來風雨，也帶來陽光、會有人經過你欣賞你，也會有人不小心踐踏了你。這就像佛家說的無常，無就是沒有，常是固定不變的意思，所以，無常就是沒有任何一件事是固定不變的。沒有的會獲得、得到的會失去、有生就會有死，一切因緣生，一切因緣滅。一切事情的生成，皆依賴各種條件，其直接主要的根本條件為「因」，間接配合成就的次要條件為「緣」。

153

放下遺憾才有成長

　　有的人錯過想愛的人，有的人想要孩子沒得到，有的人想盡孝卻沒機會了…人生裡或多或少都有各種不同的遺憾發生。心理學裡有個名詞叫「unfinish business」中文是「未完成的事」或「未竟事宜」，說的是人生命裡那些來不及完成的事，來不及說出口的話或是沒有解決的問題，也就是我們心中的遺憾。年輕的時候，我們總想著人生不要有遺憾，想做什麼就去做，想說什麼就去說，有什麼沒有完成的夢想就去勇敢實現。但是隨著人生各種遭遇與改變，慢慢地我們又不得不承認，人生難免有遺憾，問題只剩下該拿遺憾怎麼辦？

　　遺憾是我們想做的或想得到的，卻沒有機會了，這樣的心理其實都意味著，認為那些得不到的是很美好的，所以沒得到會感到難過或後悔。美國於2004年開始有一句流行標語叫做YOLO（you only live once）用中文的講法來說就是「人生不留遺憾」或是「及時行樂」。似乎都暗示著我們要能避開或放棄後悔，去過更好的生活。哲學家尼采說，我們要如何讓我們從日常生活中去覺醒呢？他認為，讓人覺醒與想要改變生活的動力來源就是─後悔。尼采提出了兩個有力的方式面對後悔：（1）如果你選錯了，請原諒這個決定，需要去接受它，去愛它。（2）從這一刻開始，你的生活要持續地覺

察到自己的死亡，面對死亡這件事。尼采說，我們終究要死亡的，而後悔就是驅動我們面對死亡的來源，我們要突破、控制它。

　　面對遺憾，我們如果想要擺脫它就愈是無法擺脫，我們必須學著怎樣在遺憾中生存，因為遺憾是充滿著我們的人生的，你活著就會不斷面對各種不盡人意，不管你願意不願意。臨床心理學家Kashdan說過，你很少會在7歲前的幼兒身上找到遺憾，因為他們還不懂的權衡兩個選項之間的優缺點，他們所做的一切都是憑感覺。我們必須知道，當你發現某件事情很重要，而且你已經後悔錯過它時，這時候也就意味著你已經有所成長與領悟了。所以不必害怕承認你感到後悔，有遺憾的人生才是有成長的人生，那些做決定時猶豫不決的人，往往是無法承受錯誤的，他們要一個完全沒有後悔的人生，但是這樣的想法反而會為他們帶來更多的焦慮與自責。一個研究遺憾的學者Kathryn Schulz告訴我們，**沒有遺憾的人生並不完整，我們應該學會愛上那些由我們創造的——不完美帶有瑕疵的事物**，並學會原諒創造了那些事物的我們，後悔並不是提醒我們自己有多差勁，而是提醒我們能夠做得更好。

案例四演示

【問題思考】

請檢視現在的你，有什麼是不能沒有的？這些你覺得不能夠沒有的，它們的存在對你的意義與價值是什麼呢？如果有一天失去了，你的感覺是怎樣？

【演示】

　　D 女 32 歲，平時為家庭照顧者，有一個情緒障礙的女兒，來談問題是生活缺乏動力、對未來感到茫然。經過幾次的諮商後，個案意識到長期的不快樂與年輕的時候一段令她心碎的感情有關，多年來始終走不出這段傷痛留下的陰影。

　　以下為某一次的催眠治療片段：

D1：他曾經對我非常好，原本就羞於打開自己內心情感的我，被他感動了。但是後來的幾年裡，或許因為他不知道我喜歡他，我們的關係並沒有進一步的發展。

T1：這麼長一段時間過去了，現在的妳想起他是什麼感覺呢？

D2：（哭泣…）覺得是遺憾…，一直以為他會在畢業

後來找我，告訴我我們在一起吧，但最後等到的是，他決定為了另一個她去別的城市工作。

T2：我們用催眠來看看這個遺憾的感覺好嗎？

D3：好，不過有點害怕去回想它

T3：嗯，謝謝妳讓我知道，那如果我把步調慢下來，要是妳過程不想再繼續，我們也可以隨時停下來，這樣可以嗎？

D4：好

T4：請妳閉著眼睛，回到剛剛說的那個遺憾裡…，稍微與那個遺憾保持點距離，看著它，以妳覺得適當的距離…，感受得到它，但同時妳又不完全是它…。好，說說看妳感覺到什麼或是看到什麼？

D5：想起他偷偷地在我的抽屜裡放了送給我的東西，是一些簡單的日常用品，很感動，很平凡很踏實的感覺，也很溫馨。

T5：如果可以，請感受一下這個時候的自己，這時候所
　　擁有的，滿足的…。還感受到什麼呢？

D6：（落淚…）覺得有人愛著，但是好像不真實，現在
　　他已經不在我身邊了…。

T6：不急…，我們先多了解一下那個曾經被愛著的自
　　己…，如果我們回到感受到被愛的時刻裡，妳會怎
　　麼形容那種愛呢？

D7：有安全感…，可以依靠的感覺…，可以放心地把自
　　己交出去的感覺…。

T7：嗯…，可以安心地把自己交給對方…。

D8：（哭泣…）

T8：此刻感覺到什麼呢？

D9：無依無靠…，從小…，那是我很害怕的，我不知道
　　誰可以讓我信任？讓我可以依靠？

T9：嗯，但卻是妳需要的…。

T10：想起小時候的妳，妳看到一個怎樣的自己呢？她
　　　看起來的樣子？表情？穿著打扮？看起來的狀態
　　　如何呢？

D10：看起來是一個很內向的女孩，她孤零零的一個人
　　　在房間，沒有人陪她玩，也沒人理她，她很害怕，
　　　怕會一直這樣，沒人可以保護她。

T11：看見這樣的她，給妳什麼感覺呢？

D11：覺得她很可憐，想要抱抱她…。

T12：更仔細感受一下，看一下…，關於妳看到的，哪
　　　個部分最令妳為她感到心疼與難過呢？

D12：她的乖巧…，她不吵不鬧的，只是安安靜靜地自
　　　己待在房間等爸媽回家…。

T13：現在，如果可以，請妳慢慢地成為那個小女孩，
　　　更真實地感受這個時候的自己…。好…，做回這
　　　個自己，陪伴著這當下所有的心情感受，不急著
　　　解決或是跨越某些難受的感受，只是更專注地感

受自己的內心…，那個乖巧的自己…。

D13：她很害怕，如果不乖一點，可能會只剩下自己一
　　　個人。

T14：嗯，妳是說…自己嗎？妳如果不聽話、好好表現，
　　　會有妳害怕面對的結果？

D14：嗯，對，我感到很恐懼…，怕全世界只剩下我，
　　　沒人愛我，就像現在…。

T15：現在？妳腦海裡想到什麼呢？

D15：他…，他離開了我，不愛我了…，我只剩下我自己，
　　　只是活著而已…。

T16：嗯，帶著這些發現，我們先暫時結束這段的催眠
　　　好嗎？慢慢地回到現在…。

D16：好…。

　　　（喚回的過程…。）

T17：讓我們一起來回顧一下剛剛這段催眠，在剛剛過

程中，有哪些地方是妳感受比較強烈的？或是有
什麼對自己的發現呢？

D17：感受比較強烈的地方是，我小時候那個害怕，那種
恐懼，是一種像是沒辦法活下去的感覺，我感覺到
我非常需要有人可以給我陪伴與保護，我感覺我必
須要好好的做一個聽話的孩子，不可以不高興、鬧
脾氣，否則會被拋棄…。然後，我有一個發現是，
我對那個男生離開我也有這種害怕，我一直乖乖地
等待他來找我，我不敢去要、去表達我需要什麼，
只可以等…. 啊（驚訝）！這種感覺太像了，我只
能等（T18：或是不可以不等？）…，而他最後不
要我的時候，我真的就像是掉進了黑洞裡了，不知
道怎麼辦，怎麼活下去了…。

T19：嗯…，我最後整理回饋一下…，今天似乎有些重要
的發現，一個是悲傷失落的感情中，其實帶著很深
的害怕，而且是在遇到他之前就有的，是成長經驗
中感受過的。這個害怕指向了妳的生存議題，與能
否活下去有關。另外，好像面對恐懼，某些因素使

得妳在小時候就壓抑了內心的情感，害怕表達出來，好像如果去為自己爭取什麼，就會連僅剩下的安全的東西都沒有了。這兩個部分，加上妳剛剛對那段感情的發現，都還有一些值得繼續探索下去的束西，這時候我們看到了，關於生存的害怕，似乎這部分在我們這次的治療中更加凸顯出來了，我們下次再深入去看看。

【案例四分析】

通常在催眠治療一開始，我們會先從個案意識的層面先著手，一方面了解個案在意識層面的感受與問題，另一方面藉此來找出個案重要的「卡住」的感受。請留意一點，這裡說的是感受，而不是個案敘說的故事情節，因為那些故事情節在個案長期以來的意識編織下，已經存在著許多已經固化的想法與看法，甚至是個案一直以來的因果推論。如果我們將焦點放在情節或因果中，將會立即反映出個案長久以來無

奈與無力的感受，也就是「因為」…的遭遇…「所以」我才
會…。

　　在個案一開始的描述裡，遺憾似乎是最為明顯而過不去
的感受，因此它可以做為這次催眠的一個切入點，從一個比
較強烈且凸出的感受切入，可以更快地連結上個案重要的生
命經驗。當我們定位了一個切入點，這個切入點必須不把它
當成一個已經可以理解的東西，意思是對於遺憾，治療師不
預設已經完全能夠理解它是什麼？也就是我們知道遺憾是什
麼意思，但是卻同時不清楚究竟遺憾著什麼？因而，治療師
才會有一個深入探究下去的「治療意識」，繼續帶著個案去
看這個重要的感受，「關聯」到哪些重要的東西。對於這個
個案來說，這個遺憾關聯到的是，內心渴望許久的愛，那是
好不容易可以放心託付的，希望生命可以擁有的溫暖與美
好。

　　個案在進行催眠之前，表達了她對於即將去經驗或回想

的害怕與焦慮。這是催眠治療前很常見的現象，我們可以做的是，透過「說明」（T3）讓個案可以更加放心地去經驗，並且在實際的執行中以「建立安全距離」（T4）來減低個案可能在一開始的情緒衝擊。

　　在 D6 這個地方，個案出現了一個意識上的跳躍，也就是個案很快地跳到她對後來現狀的看待（已經失去了）。此處是個案長久以來主觀的認知與真實，雖然是重要的失落感受，但是在治療的那當下，是偏離與跳脫出去的。為了能夠讓個案更深刻地領會到相對於遺憾的那個東西，也就是美好的那個部分，我接納個案的反應，但是邀請個案再回去感受關於美好的部分（T6）。

　　在 D7~D9，個案呈顯了一個更為內在的部分，就是個案的恐懼與需求。相較於在這之前提到的感情中的失落，個案在這個地方向治療師呈現出了她內心那個始終帶著的恐懼與渴望，我們因而可以更為明確知道，這是個案更根本的問

題，已經顯露出一個不一樣的問題層次，是一個可以依循著個案向我們顯示的方向。

從 D9 開始，因為個案提到了「從小⋯.」，我也就順著個案已經略為顯露的「時間回溯」走進個案更早期的經驗之中。當個案回溯到小時候的自己時，我小心翼翼地先不讓她太直接地「成為那個小時後自己」，所以我在 T10~T12 之間，我使用「她」來取代自己，這是基於回溯到重要的痛苦經驗時，經常會伴隨著強烈難受的情緒，治療師需要小心評估個案是否可以接受直接進入那個時候的自己，還是先將當時的自己看成是「他者」。

此外，這個小階段，也是個案與自己做「接觸」的過程，人與自己的關係是一個很重要的存在關係，我們要處理的不是個案所面對的事件，而是面對事件的那個自己。在案例中，個案在與自己的接觸過程裡，更為深入地感受到對自己憐憫的裡頭是那個不斷要壓抑自己需要，以及為了免除更大

的恐懼所應因應的乖順聽話。

　　治療中個案對自己的每一個更深的覺察與發現，也都是轉化與改變的契機，這不是治療師去創造出來的，而是個案向我們呈現的。

　　治療的最後時間，當我們喚醒個案回到意識層面，為了整理潛意識中所經驗到的、發現的，通常需要留個 5 ～ 10 分鐘，回顧一下催眠的歷程。有時候個案在這個最後的階段，會聯想到其它的地方，補充說明相關的經驗與看法。雖然這樣可以多了解個案的說明與補充，但是在時間有限的情況下，還是邀請個案回到剛剛催眠過程的發現裡去談，將會更好地修通潛意識與意識的路徑與整合工作。

生命的智慧

內在的聲音

　　我們常說要去傾聽內在的聲音，也就是瞭解自己的感覺與需要，希望藉此能為自己給出方向指引。但有時會覺得內在聲音繁雜，你問自己，內在的聲音告訴你什麼？卻仍糾結在內在不同聲音的拉扯與衝突裡。

　　當我們想要探尋內在聲音的時候，是希望能夠找一份內在真實的感受。然而，內在真實感受來自於我們的生命經驗，假如生命經驗是衝突的，那麼內在聲音是混亂的，也就不容易順著內在聲音去決定如何走下去。我們必須瞭解到，內在的聲音常常與理智上的想法是衝突的，例如，你內在感受到恐懼，但是你的理智告訴你必須勇敢，你活在害怕之中，也不接受自己的害怕。你的理智告訴你去做一個更好的自己，這一點是絕對沒有錯的，但是卻可能違背了你

目前內在的需求。你的需求來自於你的經驗，當你的經驗告訴你這是一件痛苦的事情，你會極力地想回避它再次發生。這是人類的本能，是為了保護自己。但是許多這樣的表現或症狀也成為了心理診斷下的病症，例如創傷後壓力症候群。為了保護自己而做出回避與防衛是很正常的，但是時間久了內在能量將被封鎖在一個「情緒節」裡，它不會自動消失，反而造成生活當中的情緒困擾。情緒節與生活中類似的事情產生了隔離效果，而開始以同樣的方式，去面對各種類似的問題，使得生命不斷地在惡性循環裡旋轉著，轉不出生命的低谷。

　　理智的聲音是人的心理意志、是人覺得應該所是的方向與動力，缺少了理智，人的情緒及行為將只剩各種本能的反應。這些理智的考慮試圖兼顧到現實層面或社會價值，確實是一個人做決定時不得不考量的。但是我們必須要認清楚一件事，這些考慮是為了什麼？當你接受了現實考慮時，你可能會不滿意現狀；當你不考慮時，你又陷入恐懼。但這一切在告訴我們什麼？什麼是你人生中重要的事？沒有人能夠給你一個明確的答案，去告訴你該怎麼做。

　　當你被兩端的聲音給困住的時候，試著去聆聽兩邊的聲音，去看看當你傾向某一邊的決定時，你心裡的恐懼是什麼？滿足了什麼？你會發現兩邊可能都有你重要的需求存在，這時候，進一步去

接受這個需要在你生命中的重要位置，同時接受因為這樣所產生的恐懼。你可能不想活在恐懼裡，但是你愈是想躲避它出現，它就愈是如影隨形地跟隨著你。你無須躲避它，反而，這時候你得告訴自己，這是你意識覺醒的時刻，是你生命轉化的開始，**所有重要的覺醒都是在痛苦之中迸裂出來的，迸裂的過程會痛、會滲出血，但是也同時產生轉化的結晶**，這個時候，請接納自己所有的恐懼與焦慮。

　　請你做幾次深呼吸，然後閱讀下面的文字，並在腦海中出現你的想像：

　　恐懼，我看著你，你就在我的面前。當我看著你的時候，我同時看著我自己的內心，我看見了我內心裡，因為恐懼所對應的經驗是什麼？我知道真正讓我害怕的不是我眼前的恐懼，而是我過去的恐懼。那些發生在我過去的，影響著我，我必須指認出它們。我的生命不是只有一個樣子，或是唯一的結果，我無須害怕或認為事情會朝最壞的方向走去，而是好與壞的都可以朝著我的自性去發揮與創造。我接受一切的失去、我承認自己無法真正控制住任何事。這個世界不是我在掌控的，我唯一能做的改變是，帶著接受自己的心，一步步向更平靜的地方走去。我應當面對的事，不是在我沒有恐懼的時候才去做，而是做了之後才漸漸沒有恐懼。恐懼，我要對

你說，我接受你的存在，我不排斥你，我反而希望此刻的你能夠教會我一些重要的事情，讓我更堅強更喜悅。當我面對了恐懼，我更清楚地看見我內心裡想抓住而不願意它改變的東西，我將這個東西從我心裡取出來，對著它說：我希望你在，但是我並無法控制你是否會一直在。我無需期待你會一直是我想要的樣子，我接受你的改變，我相信改變不是糟糕的事，改變可能帶來我意想不到的好的結果。

聆聽內在的聲音是一個自我需求的發現過程，也是一個深度接納自己的歷程。順著內在聲音去走或決定，是在提醒我們，這條路上有我們需要面對的挑戰。這個挑戰的方向，就是我們精神提升的方向。以你的直覺去辨認這樣的聲音，聚焦在如何讓自己與內在聲音做深度整合及自我療愈。

潛意識與直覺

我們可以從許多的藝術創作上來看，一旦我們過於執著在大腦理性的思維，藝術創作將會受到侷限，無法發揮。這如同在催眠裡的「自動書寫」（一種在催眠狀態下無意識地寫字或畫畫）一樣，需要放掉意識的控制，讓潛意識自由奔放地流動起來。打開潛意識其實是人心智狀態的整合，潛意識如同海面下一大塊的冰山，是我

們內心的一部分，而且影響我們相當巨大，但經常被我們所忽略。實際上，如果我們能去梳理它，潛意識就愈是能為我們所用，也就會達到意識與潛意識整合的狀態，這是一種健康的自由流動的狀態，意識能對潛意識有所覺知，而潛意識也能對意識層面做出更真實的指引。

在催眠治療裡，我們常以一種直覺的方式去感受、去捕捉內在的感覺，就是為了可以避開意識的侷限框架，更順利地走進潛意識的直覺與智慧之中。那麼我們該如何引導個案走進直覺裡頭呢？

首先，我們必須要能知道我們的直覺是否是我們自我保護的一種反射？它是否是我們所想要回避逃避的焦慮問題？ 面對自我保護，不能夠任由它無限地發展下去，那樣的話會產生焦慮的問題。我們需要知道我們內在裡頭想維持與保護自己的是什麼？就像是前面提過的，面對焦慮與抑鬱，我們得到了什麼好處？

其次，在我們放下防衛後，我們對於內在聲音的指引能夠與意識理性做揉合，這部分是意識與潛意識整合的開始，這時候你需要從你大腦內心裡找尋自己的思維，這關乎到你的道德觀，人生觀與各種思維價值體系。這個部分如果缺乏，必須要能夠補充學習，因為它是自己的一套準則與架構，缺少了它將讓我們經常處於混然

不明的狀態。當意識與潛意識進行了揉合，也就是理性與直覺的平衡過程，這部分如同自我內心裡的協商過程，有些時候我們要向理性妥協，有時候又需要臣服於直覺，這部分往往沒有一定答案。例如，我們究竟是應該順著一種難以自拔的感覺去愛一個人？還是應該聽從理性離開一個對自己不好的人？這部分的解決方法是，讓自己先知道直覺是我們的內心需要，它是很自然、很本能的需要，所以它需要被看見、被照顧，不過它也是我們內心需索的部分，要供給它多少養分或是否供給，這部分是成長的關鍵。

在我的工作中，經常會見到兩種個案，一個是完全地依靠內在需索的部分決定以及行事，他們在不斷追尋滿足自己的過程中，將內心的需求坑洞愈養愈大，最後陷入難以自拔的狀態。另一種是，完全忽略自己的需要，而以大腦「超理智」的原則來運作，這樣的結果是，他們愈來愈疏離自己，活出了他們認為應該成為的人，但卻不是真實的自己。

意識與潛意識不是兩極相對的，兩個部分都是我們的內心，直覺的潛意識讓我們更靠近自己真實的樣貌，理性的意識則是讓我們對抗還沒有完全成長的自己。這就好像理智上知道該離開一個對你精神暴力的人一樣，你的理性聲音有時候抵擋不住情感的需求，可能還會因為某些需要而停留在關係裡得到滿足。內心的交戰是成

長的開始，回避了自己內在的衝突也就失去了改變的可能。內在的
需求是很原始的，它會有很強的動力帶著你追求滿足，但也因為如
此，我們需要知道追求滿足的背後我們在恐懼什麼？ 一旦沒有得到
滿足，我們會變得如何？ 知道了我們的恐懼之後，我們需要分辨一
件事，就是讓你滿足的是一個特定的事物或者不是，就像你愛的是
某一個特定的人，還是你要的是那份感覺？ 這感覺只有特定的人
能提供嗎？ **一旦你對自己的需要做深度的覺察之後，你才開始能跳
脫本能的、自動化的需求來到一個高層次內省後的需求。**達到了這
個狀態開始，你不只是知道你要什麼，還會完全的清晰知道你為何
需要，甚至在看清楚之後發現不再需要。如此，你的生命智慧會啟
動，你的內心會開始轉化、昇華到能夠有彈性轉換你的內在需要，
你更像是河流的水一樣，會隨著生命的遭遇能夠蜿蜒，可以湍急，
也能緩慢流動。這時候的你內心才是真正的自由，因為內在智慧的
開啟，讓我們學會世間的各種變化能以一種如平靜安詳的湖水一般
的面對。

放下繁雜的思緒

　　人類是善於思考的動物，思考及問題解決讓人類完成了許多令
人讚歎的科技與文明，但是，人的許多的心理問題也是來自於思考
上的困頓。在心理治療中不難發現到，人所面臨的心理問題有許多

都來自於心理上的矛盾，這種矛盾就是心理的衝突，它讓人感到痛苦，也讓人茫然。

　　人都知道不能矛盾，但是解決矛盾並不是一件容易的事，因為這時候意識狀態處在混亂思緒當中，思考會打結，情緒會混亂。面對矛盾衝突的心理狀態，思緒與念頭將會搖晃擺蕩，也會在內心裡不斷評估、量秤利弊得失，最終仍然難以決定，甚至讓問題不斷延宕與逃避著。你可能想順著自己的內心感覺去決定方向，但是多種感覺交錯複雜，讓你難以下定決心去做。

　　這時候，你可以試著做放下念頭的練習來幫助自己：

　　你可以每天花一點時間，帶自己做念頭清空的練習。方法是，找任一個地方散步，當你走路的時候，請你將注意力放在你的感官上，你可以去看、去聽、去聞，但是提醒自己不做任何思考活動，不對經驗到的事物做任何的評價，也沒有任何想法，只是去感覺當下的經驗。一開始你會很難不去思考，你的念頭會悄悄地浮上來，這時候讓念頭中斷，繼續走著及經驗著。經過反覆的自我提醒及念頭清空後，你會在過程中逐漸感受到內心的平靜，整個人也會輕鬆自在了起來。經過念頭清空後，你的意識層面的繁亂思緒獲得了清空，情緒恢復到平穩。這時候，請你慢慢讓心沉澱下來，順隨著內

心平靜的感覺，以自在與平靜的心去觀看自己，就像是抽離開身體的靈魂一樣，你會慢慢出現內心深處的聲音，它會告訴你什麼是讓你最平靜快樂的，你的思維開始能做出清晰的判斷。

擁抱內在小孩

我們經常會聽到，我們內心有一個內在小孩的說法，就好像我們每個人的心裡都住著一個小孩子的自己。那麼什麼是內在小孩呢？其實內在小孩是我們常使用的說法，但並沒有一個比較系統的理論，而在心理治療當中比較早談到內在小孩的是榮格，他以「在裡面的小孩」來解釋人內在裡面存在著心理的「原型」（以特殊的方式去建構經驗的一種傾向），後來漸漸地被大家以這樣比較容易懂的概念來形容我們內心裡的那個孩童的自己。

綜合來說，內在小孩指的是成年人的內心裡懷有的一種兒童的自我的狀態，這個狀態關乎到我們早年兒童的經驗，可能是生活的限制或受到的傷害，也有可能是愉悅與幸福的正向經驗。這些種種經驗，後來成為了我們生命的腳本，以更反射性的方式呈現我們的心理狀態。

榮格認為內在小孩是從潛意識與人類本性的深處所誕生的，象徵著未來的希望，幼小的心靈，生命的潛力以及自我的新生。是有活力，自發的，更自由的，但也是更撒野，忽視他人及回避責任的。他也認為，內在小孩是往更好或是更壞的方向發展，是與我們的內在母親有關的，也就是我們與母親的關係。我們可以把內在小孩看成是一種自我的形象，一部分是來自我們小時候內化了父母親與我們相處關係上所產生的自我防衛反應，簡單的說，就是我們從與父母的關係裡所建立起來的一個自我形象，例如，我們覺得我們在父母親的眼裡是個好孩子或是壞孩子、是可以很自發性的，自由的，還是學到一個受限的、害羞於表達的自己。

我們可以檢視自己的羞恥感，對哪些事會有羞恥感？讓你覺得做了後會有一種罪惡感受，或是丟臉的感覺？這個部分其實是我們受到父母獎賞與懲罰或是包容接納或是批評羞辱等有關。我們的內在小孩會將種種經驗儲存在身體與心理，形成身體及情緒的症狀，在成年後會試圖以內在小孩的形式與成人世界的關係做互動，試圖表達出我們的內在需求——那些被習慣滿足的與沒有被滿足的。

以催眠治療來說，處理內在小孩是以時間年齡回溯的方法回到個案的過去——那個需要被療癒的自己，如果孩童時期的我們曾經

有過些負面或受傷的經驗，這些記憶被我們經常拿來投射在我們的生活當中，可能顯現出不成熟或是容易害怕或焦慮，也容易在關係當中不相信能夠得到撫慰，或是不斷積極尋求撫慰的狀態。

有時候我們常說保有赤子之心，其實也是指我們的內在小孩的維持，這部分通常是比較正向的那些部分，就像小孩子那樣的天真可愛、愛遊戲的、自發性很高的。在逐漸長大的過程中會隨著社會化的結果，認為某些特質是不成熟的表現，所以會嫌棄自己表現小孩子的一面，壓抑掉這部分或是疏離了內在小孩。

其實我們並不需要完全的隔絕那些真實的自己，而是**需要去瞭解我們內在小孩的需要是什麼？不是要讓內在小孩完全放肆地為所欲為，而是學著陪伴它，照顧它，理解它**，使得我們內在小孩獲得自己的包容與接納，轉而擁有更有安全感的自己。

● 問題思考

去想想你在生活中什麼時候最像個孩子？ 而這個孩子是如何表現的？ 表現的樣子哪些是你喜歡的？ 哪些是你不接受的？ 你的內在小孩的主要情緒是什麼？ 主要想滿足的需求又是什麼？

　　當你看見你的內在小孩的需要的時候，你都是尋求什麼方式來滿足他呢？ 很多時候我們需求的滿足是依賴著外界及他人來滿足自己的，這包括了在物質方面的滿足，例如買東西或吃東西，也包括了我們會想藉著在關係中抱怨不滿，企圖向對方索取那些滿足我們的需要的方法或內容。一旦我們過於習慣滿足自己的方式是外界得到的，我們的內在小孩就會像是一個無底洞一樣，需要更多持續的填補。我們可以換一個角度想想，其實沒有任何一個人是應該無條件地滿足我們的需要的，索取是因為缺乏的時候會感覺到的空虛與匱乏，我們所得到的滿足應當是為我們的生命增添色彩的，而不是透過他人來讓自己黑白的世界得到光亮。你的生命本身就應當是明亮有能量的，這是你愛自己的方式，你與自己和解的過程，你尊重自己的根本。所以，請為自己點亮那盞燈，想想在關係中所依賴的是什麼？是否太多是建立在別人身上了呢？ 如果別人給不了就焦慮害怕？

　　如果你需要被照顧，請你先學會照顧自己

　　如果你需要被關愛，請你先關愛自己

　　如果你需要被原諒，請你先原諒自己

　　如果你悲傷，請你先撫慰自己

　　如果你生氣，請你先理解自己

　　如果你恐懼，請你先哄哄自己

宗教與靈性催眠

　　在這邊我們並不是在特定的宗教上來討論或示範如何進行催眠，而是以一個更為通用與廣泛的角度，來看催眠治療如何在宗教或靈性信仰上的運用。在催眠臨床實務中，有時候我們會碰到個案帶著特定與堅定信仰的背景前來，雖然他們在生活中面臨的問題未必與他們的宗教信仰有直接相關，但是宗教信仰有時候會成為個案看待生活問題的解釋角度。我曾經見過一個年邁的老太太個案，她的先生因為一場意外喪失了生命，從那天起，老太太便整天跪在家裡供奉的神佛面前誦經迴向給先生，老太太年事已高加上身體又不好，她的親友們都很擔心她的身體會吃不消，但是無論別人怎麼勸，老太太就是堅持天天拜跪誦經。老太太跟我說，因為先生是被意外撞死的，屬於枉死，在她的信仰裡，先生會因此墮入枉死城而難以超生，這讓老太太很痛苦，所以決定要誦經為先生超渡亡魂。治療師可能有或沒有自己特定的信仰，但無論如何這與個案的信仰是兩件事情，當然，如果個案尋求的是媒合他們相信的宗教術士那又是另外一回事了，例如，有些人會找牧師進行牧靈諮商，也有人會找到靈媒進行通靈或觀落陰等，這些透過尋求宗教人士協助的方式不在我們的討論範圍，在這裡我們要談的是，催眠治療師如何藉由催眠的方法來協助有不同信仰的個案。

案例五演示

【問題思考】

　　在你的信仰或相信中，生命是甚麼？死亡意味著甚麼？這些相信如何影響你面對生活？

【演示】

以下先展示一段進行宗教催眠的過程：

CL：我現在感覺到害怕、沒有信心。

T：停留在這個害怕的感覺上，感受一下此刻的自己…，
你感覺到什麼？

CL：我感覺到自己的心跳速度是快的，有擔心害怕的感
覺。

T：如果讓這個害怕的感覺帶到腦海中，很直覺地看它，
讓這個感覺自然地浮現出某些經驗過的畫面，你看
到什麼？

CL：我看到小時候的我，在學校教室上課，被老師叫起
來，老師罵我很笨。

T：嗯，現在請你帶著那個小時候的自己，來到之前你
提到的神面前，請你讓自己成為這個小時候的自

己…，你現在就在神的旁邊。這時候是什麼感覺

呢？

CL：覺得有安全感，很平靜。

T：感覺一下此刻自己的身體變化，你感覺到什麼？

CL：覺得比較放鬆，

T：好，現在帶著剛剛那個害怕來到神的面前，請你現

在專注地感受與神的接觸與感受…。除了感受，你

可以看一看腦海裡的神。

CL：我看到祂向我伸出手，但是我沒有與祂直接接觸。

T：嗯，接著呢？

CL：祂似乎想告訴我什麼

T：嗯，請你靜靜地感受與聆聽神想帶給你的一切。

CL：祂微笑著看著我，沒有語言，只是看著我。

T：嗯，此刻是什麼感覺？

CL：我感覺到祂的撫慰與力量，覺得自己感覺變好些。

T：請你在內心裡找到某個部分的自己，對應著神的看

見，神看見你或發現你什麼了呢？

CL：祂知道我不相信自己，不喜歡自己。祂告訴我，其實我很好。

T：嗯，神發現了你什麼好的地方？

CL：我有我的才能，也可以好好發揮。

T：什麼才能？

CL：我很會畫畫。

T：嗯，神的這個發現後，你什麼感覺呢？

CL：我覺得比較開心了，我更了解自己。

T：嗯，更知道自己是誰，是怎樣的人是嗎？

CL：對的。

T：嗯，現在那個更確定的感覺是什麼？

CI：我相信我有我做得到的，做得好的地方。

T：好，現在我請你再花點時間在神旁邊，感受一個不一樣的自己，也讓神對你很確定的看見，溶入你的內心裡。

【案例五解析】

在宗教／靈性催眠裡，治療師要尊重個案的信仰，無論是哪一種，都能夠帶給個案無比的力量。因為尊重個案信仰，所以治療師不去描述與帶引個案必須去感受怎樣的神，而是帶個案在內心與神做自然的「連結」。許多經驗過這樣催眠的個案，會覺得在催眠過程中與神的接觸，不是他們所想像出來的，而是真的感覺到在神的身邊，雖然個案這些經驗難以得到驗證，但是催眠在此處已經對個案來說有了另一種功能，就是成為他們與神接觸的媒介。我們不知道神是否真的臨近治療的當下，這也不是治療首要問題，而是，在個案內心深信從神那裡獲得堅定而溫暖的力量，才是療癒的實現。在陪伴與操作上，首先需要讓個案能夠更加清楚地看見自己的害怕是什麼？這個地方我做了一個與個案經驗有關的回溯，試圖讓個案去找回那個更早的相關經驗。接著才是讓個案透過其本身信仰的力量，在與神的「互動」過程中去更深地認識自己。

結語

如果你讀完本書，且嘗試以書裡所提到的方法去實作，那麼我希望你在幫助自己或他人的時候，可以暫時忘了書裡所寫的一切，而是藉由閱讀中所沈澱下來的體會與感動去運用。真正療癒的方法，它其實已經不是一個方法了，而是最終總是回到的一「人」的身上。作為理解他者的人，「懂」是最為基本的事情而已，理解的深度與層次，總是需要突出與超越那些「難以言說」的東西，這是治療的價值，更是人與人交會的美妙之處。

當理解或者懂，不再只是「溝通」的層面，我們對於人的理解就總是會在「不懂」的場域裡繼續摸索下去，因為對生命謙卑與無知，才使得我們面前的個案有機會真正「成為一個人」被看見。書裡說的個案只是用以稱呼受助者，但「人」才是應該被彰顯的真實，只有這樣的謹記，人性的溫暖與呼喚才得以源源不絕地湧出。

這本書是我在過去20幾年的時光中，不斷地在實踐與反覆

修正中完成的，這些內容不只是關於催眠治療的實務，還包括
了我在心理諮商與治療工作當中的體悟。反覆地修改如同生命
在不斷領會與前進中的變化，談的事情與問題一樣，但是見解
與看法則有不同的層次，因此，這本書現在的樣子也僅是它目
前為止的樣貌，是某個時間截切時的產物，一切都會繼續發展
與變化著，如同每個生命的樣子。

我是草
我認識花，但不羨慕花
我喜歡翠綠清新的自己
我是草
即便人們拿我襯托花兒
但並沒有減損我的特別
我是草
我不想變成花
我愛我本然的自己

每一個生命都是獨特而有價值的，只有自己可以去定義要如何活著。

Every life is unique and valuable, and only you can define how you want

to live.

--Kevin Liu

MEMO

MEMO